Les droits des Burkinabè en France : de droits privilégiés au droit commun

Émergences Africaines

Dirigée par Magloire KEDE ONANA

La collection « ÉMERGENCES AFRICAINES » se propose de renverser des certitudes faciles. Nous sommes convaincus que l'Afrique, longtemps considérée comme en retrait, s'ouvre au monde, et est plus que jamais au cœur des enjeux. Son Histoire ne doit plus s'écrire ailleurs, par des continents eux-mêmes en crise de modèles à proposer/imposer.

Une nouvelle génération très entreprenante d'Africains et d'Africanistes existe aujourd'hui, qui problématise et réécrit l'Histoire du continent dans toutes ses facettes, et par une approche multidisciplinaire. Il s'agit de dévoiler une Afrique des « Bonnes Nouvelles » : celle qui, parce que plus ouverte au monde, présente tous ses atouts d'émergence.

Dernière arrivée dans la compétition mondiale, l'Afrique est capable d'apporter un élan différent à la mondialisation grâce à son devenir, qui est subordonné à son être.

Déjà parus

Aminata TOURÉ, *La justice sénégalaise et les crimes internationaux au Tchad 1982-1990. Contribution africaine à l'avancée du Droit Pénal International*, 2020

Pr Roger Bernard ONOMO ETABA, Dr Béatrice BELLINI, Dr Magloire KEDE ONANA, Michael BUECHI, Kléber BIBOUM, *Cameroun : normes et sécurité pour un tourisme durable. Actes du Forum Mercatour 2018*, 2020

René NGEK MONTEH, Solomon NSAH KEKEISEN, *Challenges of non-governmental organisations (NGOs) in conflict resolution in the North West Region of Cameroon, 1990-2010,* 2020.

Luc NDJODO, *L'exercice du ministère public à la juridiction des comptes au Cameroun*, 2020

Jeannot MVE BELINGA, *Pratique de la médecine traditionnelle et changements climatiques au Cameroun, Conséquences sur les soins à base de plantes médicinales, 1924-2017*, 2019.

Marcel KAGAMBEGA

Les droits des Burkinabè en France : de droits privilégiés au droit commun

Une analyse critique de la diplomatie migratoire franco-burkinabè de 1960 à nos jours

Préface de Catherine Wihtol de Wenden

L'Harmattan

***

5-7, rue de l'École-Polytechnique – 75005 Paris
www.editions-harmattan.fr
ISBN : 978-2-343-21586-0
EAN : 9782343215860

Préface

Catherine Wihtol de Wenden, directrice de recherche émérite au CNRS (CERI, Sciences Po-Paris)

Peu de travaux de recherche ont été publiés sur les Burkinabè en France, si on les compare aux nombreux ouvrages, thèses et articles sur les Sénégalais, Camerounais ou Congolais, autres Africains francophones. Cet ouvrage vient en partie combler ce manque et illustre, à travers l'analyse d'un accord franco-burkinabè conclu en 2009, les ambiguïtés des accords de réadmission et de développement conclus avec les pays de départ des migrants par les pays européens et leur impact sur la condition juridique des ressortissants de ce pays.

Le Burkina-Faso, ancienne Haute-Volta est, comme le rappelle l'auteur, un pays moins prospère (sur le plan économique) qui a longtemps fourni de la main-d'œuvre à d'autres pays africains durant la période coloniale puis à ses voisins après les indépendances, comme notamment la Côte-d'Ivoire, dotée de richesses naturelles. Cela correspondait à un système d'allocation de la main-d'œuvre en Afrique sub-saharienne qui consistait à acheminer les populations des pays pauvres vers les pays qui avaient des ressources à exploiter. Pendant longtemps donc, les Burkinabè étaient tournés vers la migration intra-africaine, avant que les crises politiques et économiques ne les conduisent à migrer vers la France du fait de leur francophonie. Cette migration plus récente est dotée depuis moins longtemps que les autres diasporas africaines d'un réseau associatif puissant, du fait également du moindre nombre de Burkinabè et d'élites expatriées. Ils bénéficiaient, en vertu d'un accord de 1992, d'un accès à un titre de séjour de longue durée automatique après plusieurs années de travail sur le territoire français comme d'autres pays africains, bénéfice qui a été supprimé par l'accord conclu en 2009, sans que la diaspora et ses associations de soutien aux Burkinabé ne soient informées et consultées. Tel est l'objet de ce livre.

L'accord de 2009 (qui fait partie des accords dits « migration-développement » conclus bilatéralement avec les pays du sud) se réfère à un moment précis de la politique migratoire française ; la période où Nicolas Sarkozy, président de la République a voulu faire de l'immigration un instrument électoral en essayant de prendre des voix à l'extrême droite. Il avait créé un ministère de l'immigration, de l'intégration, de l'identité nationale et du développement solidaire avec à sa tête Brice Hortefeux. L'accord de 2009 conclu avec le Burkina Faso s'inscrit dans cette volonté de durcir la politique migratoire tout en proposant du co-développement (appelé ensuite développement solidaire) avec les pays d'origine des migrants acceptant de signer leur engagement à reprendre les sans-papiers de leur pays et ceux d'État tiers, en échange de politiques de réinsertion des migrants et de mesures de développement régional ou local, souvent de peu d'effet, parfois assorties de facilités de visas pour les élites. En effet, des travaux de l'O.C.D.E montrent que la migration est un phénomène mondial de court et de moyen terme, alors que le développement est un phénomène de long terme que l'on ne peut mettre en phase avec les migrations. De plus, cet organisme a aussi montré que le développement favorise les migrations car il s'inscrit davantage dans la mobilité des populations hier sédentaires, et que la migration provoquait du développement local et un mieux-être à travers les transferts de fonds.

L'accord a donc été signé par le Burkina Faso, alors que le Mali n'a pas signé un tel accord en 2009, supprimant la clause relative à la délivrance de titres de séjour de longue durée de 1992, obligeant le Burkina Faso à reprendre les sans-papiers reconduits à la frontière et à accepter les autres sans-papiers non burkinabé passés par le pays, ce qui ne s'est pas produit car le Burkina Faso n'est pas un important pays de transit. Les raisons analysées finement par l'auteur en est la faible préparation des Burkinabè à cette forme de négociation (sans véritable contrepartie puisque les actions de développement sont peu visibles), l'absence de juriste responsable des accords et du statut des Burkinabé à l'ambassade à Paris), la non consultation des personnes issues de la diaspora et de ses associations de soutien aux Burkinabé immigrés quant à l'obtention de leurs titres de séjours. Rappelons que le Mali avait renoncé à signer ces accords face à la mobilisation des associations de Maliens à Paris en 2009 devant l'ambassade du Mali, dans un contexte de changement de gouvernement de ce pays. Là encore, la faiblesse de ce modeste pays d'émigration pour la France leur a porté tort.

L'étude illustre à quel point le sort du migrant dans l'État d'accueil est lié aux engagements souvent contradictoires des autorités politiques du pays d'origine. Sur un plan théorique, les recherches menées confortent de façon particulière la doctrine sur les motivations de départ, de séjour et d'établissement des migrants. Au final, l'ouvrage sur les droits des Burkinabè en France, en plus d'intéresser les chercheurs en sciences sociales (le sociologue, l'historien, l'anthropologue, les politistes…) et les juristes, mérite d'être lu avec attention par les décideurs politiques, les migrants, les responsables des structures associatives et syndicalistes pour ses vertus réflexives. Ils y trouveront fort probablement la réponse à un certain nombre de questions cruciales.

Introduction

En Afrique, « les accords de coopération sont un sujet tabou, "domaine réservé" des chefs d'État. Autoritaires, fondés sur la surexploitation et les rapports hégémoniques, ces accords constituent le mouton noir de la coopération franco-africaine. Ces textes, sans être écrits avec la brutalité bestiale des Codes noirs, n'en sont pas moins révélateurs d'une philosophie des échanges pour le moins rétrograde, superstitieuse, dépréciative et anti-souverainiste à l'égard de l'Afrique[1]. ».

Le constat est implacable, tous les États francophones de l'Afrique de l'Ouest sont confrontés aux problèmes juridiques, économiques et sociaux que pose la conclusion de ces accords « léonins[2] ». Dans son ouvrage intitulé « L'immigration ou les paradoxes de l'altérité », Sayad Abdelmaleck montre très bien que les relations entre États colonisateurs et États colonisés ne sont « bilatérales qu'en droit » et « décidées en réalité unilatéralement par le partenaire dominant[3] », en l'occurrence la France.

---

[1]Grégoire BIYOGO, *Déconstruire les accords de coopération franco-africaine. Volume I : Par-delà l'unilatéralisme et l'interventionnisme économique, politique et militaire*, Paris, l'Harmattan, 2011, 136p.

[2] Violaine CARRERE, Monique DUVAL, « Des accords léonins », Plein droit, 2009, n° 83, p. 16-20.

[3]Abdelmalek SAYAD, *L'immigration ou les paradoxes de l'altérité. L'illusion du* provisoire, Paris, édition raisons d'agir, 2001, p.261.

Aujourd'hui, on peut s'interroger sur les mécanismes légaux et légitimes mobilisables pour contraindre les chefs d'État africains à déconstruire (ou dénoncer) les accords bilatéraux dans l'optique de renégocier des accords plus équitables et soucieux des droits de l'homme. Sur ce sujet très vaste touchant quasiment tous les domaines, notre réflexion porte sur les traités[4], les accords bilatéraux[5] conclus sur la matière migratoire entre le Burkina Faso et la France. Une analyse qui impose au fond, un regard croisé sur les accords franco-africains de même type.

Selon l'Institut national de la statistique et de la démographie (INSD), le Burkina Faso compte 20. 870 060 habitants, 11. 076 643 vivent à l'étranger[6]. C'est l'un des principaux pays d'émigration en Afrique de l'Ouest. Face à la précarité et à la vulnérabilité des migrants, l'État burkinabè a conclu depuis son accession à la souveraineté nationale, plusieurs accords bilatéraux, communautaires et multilatéraux afin de protéger ses ressortissants dans les pays d'accueil.

Conscient de l'apport inestimable des migrants burkinabè au processus de développement, le gouvernement a adopté le 8 février 2017 une stratégie nationale de migration. Dans ce document, les migrants sont présentés et reconnus comme étant des « acteurs majeurs du développement national ». Les mesures adoptées sont ambitieuses. Il est par exemple prévu

---

[4]Au sens de l'article premier de la convention de Vienne sur le droit des traités du 23 mai 1969, l'expression traité désigne un « accord international conclu par écrit entre États et régi par le droit international, qu'il soit consigné dans un instrument unique ou dans deux ou plusieurs instruments connexes, et quelle que soit sa dénomination particulière ». .

[5]Les accords bilatéraux Nord-Sud ou Sud-Sud comprennent les traités, les conventions, les avenants, les échanges de notes, les accords, les protocoles d'accord, de modus vivendi, de mémorandum d'entente, les arrangements administratifs, les déclarations de coopération mutuelle.

[6]Secrétariat permanent du conseil supérieur des Burkinabè de l'étranger, 2014.

qu' « à l'horizon 2025, le Burkina Faso assurera la protection et la garantie effectives des droits des migrants pour une contribution optimale au développement, à la consolidation de la paix et de la cohésion sociale, à la promotion de l'intégration régionale et sous-régionale et de la coopération internationale ». Le gouvernement burkinabé a aussi créé en 2018 un ministère spécifique à la migration, « Ministère de l'intégration africaine et des Burkinabè de l'extérieur ». L'efficience de la protection des migrants burkinabè passe cependant par la qualité des accords conclus en la matière avec les États tiers.

En Afrique, les accords les plus importants étaient ceux signés avec la Côte d'Ivoire et le Gabon, ils ont été dénoncés par les autorités burkinabè à cause du non-respect des engagements contractuels par les États d'accueil. Les ressortissants burkinabè en Afrique de l'Ouest sont aujourd'hui protégés par les droits nationaux des États d'accueil et les droits communautaires CEDEAO et UEMOA qui présentent cependant de nombreuses lacunes.

En Europe, l'Italie est le pays qui accueille le plus grand nombre de migrants burkinabè. On enregistre 60. 810 Burkinabè[7] entrés légalement sur le territoire italien. On peut cependant regretter l'absence d'accord bilatéral entre les deux pays.

En France, on compte selon les chiffres officiels, 9.573 Burkinabé[8]. Si ce chiffre fait l'objet de plusieurs débats contradictoires, le Burkina Faso a signé avec la France de nombreux accords bilatéraux depuis 1960. Chaque décennie correspond à une génération d'accords bilatéraux déterminés

---

[7] OIM, *Etude sur la diaspora burkinabé en Côte d'Ivoire, en Italie et en France*, 2016, p.32

[8] Ces données ont été fournies par le Consulat du Burkina Faso en France, enquête de terrain, mai 2020.

d'une part, par la politique migratoire de la France (entre ouverture et fermeture des frontières) et, d'autre part, par les priorités de l'État burkinabè récemment influencées par la société civile et les diasporas.

Contrairement à une idée répandue, les six régimes politiques qui se sont succédés au Burkina Faso ont adopté vis-à-vis de la France un comportement rationnel mais différencié, fondé sur des calculs d'intérêts (formation d'une élite nationale, aide au développement, libre circulation pour une catégorie d'individus, maintien de relations diplomatiques privilégiées avec l'ancienne puissance colonisatrice) et des considérations géographiques (primauté aux migrations intra-africaines). Les autorités burkinabè ont cependant toujours été moins attentives à l'effectivité des droits de leurs ressortissants sur le territoire français.

Le dernier accord franco-burkinabé signé le 10 janvier 2009 ne déroge pas à cette particularité, il pose en plus de nouveaux enjeux sociaux, juridiques, économiques, politiques. Argument trompeur, ce texte a été conclu à un moment où selon les autorités burkinabè[9], il y avait plus de ressortissants français (5.800 environ) sur le territoire burkinabé que de ressortissants burkinabè (5.200) sur le territoire français. Pourtant, l'accord signé par les autorités Burkinabè restreint les droits des Burkinabè, autorise l'expulsion des migrants en situation irrégulière et prévoit la réadmission des migrants des États tiers sur le territoire burkinabè ; ce dernier point étant susceptible de créer des tensions entre les Etats Ouest africains. Autant de stipulations qui imposent un questionnement central : la coopération franco-burkinabé sur

[9]Chiffres fournis par l'ancien chef de la délégation burkinabè chargé de la négociation de l'accord franco-burkinabè, entretien réalisé en février 2020.

la matière migratoire prend-elle suffisamment en compte les droits de la diaspora burkinabé en France ?

Émergent également d'autres questionnements sous-jacents. Les accords conclus entre les deux pays sont-ils conformes aux standards internationaux ? Comment sont édictées les procédures d'élaboration ? Quels sont les acteurs impliqués lors des négociations bilatérales ? Comment fonctionnent les mécanismes de mise en œuvre ? Quelles sont les stratégies développées par les différents acteurs (États, société civile, diaspora) pour obstruer l'application des accords ?

Sujet vaste et complexe, la primauté que nous accordons ici à l'approche sociologique présente l'avantage de mobiliser les outils de recueil de données qualitatives. Le caractère transversal du sujet traité autorise la convocation d'autres disciplines comme le droit, l'histoire, la géographie, l'anthropologie.

Méthodologie de collecte des données

Ce travail a nécessité une recherche documentaire et la réalisation d'entretiens. Face à la faible documentation des bibliothèques africaines (Burkinabè en particulier), nos recherches ont principalement été effectuées à la bibliothèque de Sciences politiques de Bordeaux, plus précisément au LAM (Les Afriques dans le Monde). La consultation de sites internet spécialisés (GISTI par exemple) nous ont aussi permis de disposer des différents accords franco-bilatéraux. À ce sujet, on peut regretter le fait qu'il est quasiment impossible pour le citoyen Burkinabè de consulter les versions officielles (signées) des accords migratoires conclus par le pays. Ces textes, d'une extrême importance dans un pays d'émigration, ne sont accessibles ni à l'ambassade du Burkina Faso en

France, ni dans l'hémicycle burkinabè, ni au ministère des affaires étrangères, ni au ministère de l'intégration africaine et des Burkinabè de l'extérieur, encore moins dans les bibliothèques locales.

Plusieurs entretiens semi-directifs ont été réalisés. D'abord, ceux réalisés avec quatre diplomates burkinabè qui ont participé directement à la négociation de l'accord franco-burkinabé de 2009. Les plus hauts responsables de l'ambassade du Burkina Faso en France ont aussi été interviewés. Parmi ces diplomates, un entretien plus approfondi a été effectué avec l'ancien chef de la délégation burkinabé lors des négociations de l'accord franco-burkinabé de 2009. Ces entretiens visaient à saisir d'une part, les attentes et les propositions ou contre-propositions de la partie burkinabé et d'autre part, à inventorier les stratégies éventuelles utilisées pour faire face aux injonctions habituelles de la partie française.

Des entretiens ont également été effectués avec des responsables de quatre associations burkinabè de la diaspora. Il s'agit de l'Union des Associations Burkinabè de France (UABF), l'Association des Burkinabé d'Aquitaine (LABA), le Mouvement Burkinabè des Droits de l'Homme et des Peuples-comité Paris et comité Nouvelle Aquitaine (MBDHP), le Collectif burkinabé des sans-papiers. L'objectif était de recueillir leurs perceptions sur les accords signés par les autorités burkinabé et d'identifier les formes d'opposition des acteurs de la société civile face aux comportements des gouvernants. Questionner les délégués-CSBE qui sont des personnes élues par les différentes communautés burkinabé dans six régions françaises nous permettait de savoir s'il y eut une approche inclusive ou non de la diaspora lors du processus de négociation de l'accord bilatéral conclu en 2009.

Enfin, avons-nous jugé utile de nous entretenir avec cinquante-huit (58) Burkinabè installés en France afin de juger leur niveau de connaissance des accords conclus, leurs inquiétudes et leurs attentes. Au total, plus d'une soixantaine de personnes ont été interviewées.

Le présent ouvrage est structuré en deux grandes parties. La première montre une longue période de passivité des autorités burkinabè se traduisant par une réception positive et tacite de tous les accords bilatéraux proposés par la France (I) sur la matière migratoire. La seconde questionne les conditions d'émancipation (II) des gouvernants africains, burkinabè en particulier, depuis la conclusion des fameux accords franco-africains sur la gestion concertée des flux migratoires et le développement.

Première partie. La passivité de l'État burkinabé vis-à-vis de la France

La relation entre le Burkina Faso et la France est marquée par une passivité[10] historiquement constatée du premier, qui malgré son statut actuel d'État indépendant peine à s'émanciper dans le cadre de ses rapports avec l'ancien colonisateur. Cette partie est structurée en cinq chapitres, la sujétion des souverains du Moogho pendant la période coloniale (1), l'État burkinabé et les conventions internationales (2), la subordination des autorités voltaïques lors de la conclusion des premiers accords bilatéraux (3), le silence des autorités voltaïques face aux décisions arbitraires de la France (4), l'alignement des autorités burkinabè à la fermeture des frontières françaises (5).

[10]Le mot passivité vient du latin *passivus*, traduisant l'état ou l'attitude de quelqu'un qui subit les événements sans réagir. La sociologie des organisations nous enseigne que l'acteur peut décider d'adopter une attitude active ou passive. Dans ce dernier cas, la posture passive n'est pas forcément un état de faiblesse mais une stratégie dans le jeu des acteurs[10]. Cet éclairage semble fondamental dans l'analyse des rapports de pouvoir entre anciens États colonisateurs et anciens États colonisés.

Chapitre 1. La sujétion des souverains du Moogho pendant la période coloniale

La sujétion est la situation d'une personne soumise à une autorité souveraine. Dans le cas étudié, cette sujétion est caractérisée par l'obligation faite aux souverains africains de signer des traités de protectorat (I), et par la création de la colonie de la Haute-Volta (II) par l'administration coloniale à des fins essentiellement migratoires.

I. L'obligation des souverains du Moogho de signer les traités de paix et de protectorat

Conformes au droit international de l'époque[11] mais contraire à la lettre et à l'esprit de la plus récente Convention de Vienne de 1969 sur le droit des traités (art.51), les traités de protectorat sont des textes écrits par les puissances colonisatrices et soumis à la signature forcée des rois africains. La ruée effroyable des États occidentaux pour le partage des territoires africains (qui ne tiendra pas compte des réalités sociologiques, religieuses et économiques) va aussi entraîner une course à la signature de traités de protectorat avec les souverains africains. En effet, il faut avoir à l'esprit que ce sont

---

[11]Charles-Henry ALEXANDROWICZ, « Le rôle des traités dans les relations entre les puissances européennes et les souverains africains (Aspects historiques) ». Revue internationale de droit comparé. Vol. 22 n°4, 1970. pp. 703-709

des traités passés entre des militaires représentant la partie française et des civils, ces souverains africains. Les rapports de force étaient par conséquent diamétralement inégaux.

Grâce à son arsenal militaire, la France a pu obliger les rois africains à signer ces textes d'une violence inouïe qui lui permettait de légitimer ses territoires conquis (art.34 de l'Acte général de la Conférence de Berlin du 26 février 1885)[12] en Afrique. Au total, la France conclut 344 traités de paix et de protectorat[13] avec les souverains africains. Les rois et roitelets africains ignoraient tout du droit international et de ses subtilités, de la portée juridique et politique de ces textes écrits le plus souvent en français. Leurs signatures furent cependant présentées au monde occidental comme la preuve irréfutable de leur approbation et de la soumission à la puissance coloniale.

Les traités imposèrent une double restriction aux souverains africains. Sur la souveraineté interne, presque tous les traités placent les territoires africains sous protectorat français. Par exemple, l'accord signé le 20 janvier 1897 entre la France et le roi du Moogho déclare que « ... Kouka Koutou roi des mossi, place sous le protectorat exclusif et sous la souveraineté absolue de la France le Mossi et tous les territoires et qui en dépendent légitimement » (art.5). Il est fort probable que le Naaba Koutou ne pouvait comprendre les subtilités d'une telle stipulation, la sujétion coloniale, la perte de toute autonomie

---

[12]L'article 34 stipule : « la Puissance qui, dorénavant, prendra possession d'un territoire sur les côtes du continent africain situé en dehors de ses possessions actuelles ou qui, n'en ayant pas eu jusque-là, viendrait à en acquérir, et de même la Puissance qui y assumera un protectorat, accompagnera l'Acte respectif d'une notification adressée aux autres Puissances signataires du présent Acte, afin de les mettre à même de faire valoir, s'il y a lieu, leurs réclamations. ».

[13]Henri BRUNSCHWIG, *Le partage de l'Afrique noire*, Paris, Flammarion, Questions d'histoire, 1971,186 p.

territoriale, l'ouverture un droit de mise en esclavage de son peuple. D'hommes libres à sujets français, la main-d'œuvre africaine des territoires occupés fut utilisée dans les pires conditions de négation du droit[14] pour satisfaire l'économie coloniale.

En ce qui concerne la souveraineté externe, les souverains Africains s'engageaient à ne conclure aucune convention avec les autres nations sans le consentement préalable de la France. Pour preuve, le traité signé par la France avec le roi du Moogho interdisait (art.7) à ce dernier de conclure un traité, acte ou arrangement avec une puissance (coloniale) autre que la France.

Contrairement à une idée reçue, certains souverains Africains se sont opposés aux traités de protectorat. Rouard de Card[15] qui a consacré un ouvrage sur le sujet nous informe que l'Almamy Samory Touré, émir du Wassoulou refusa pendant très longtemps de signer les traités de protectorat. Le souverain malien était perçu par l'administration coloniale comme « le plus redoutable adversaire des Français dans le Soudan ». Face à l'armada militaire coloniale, l'accord qu'il a été obligé de conclure le 23 mars 1887, place (art.2) « lui, ses héritiers qui sont dans l'ordre primogéniture, et ses États présents et à venir, sous le protectorat français ».

La ruse, le dol et la force furent les moyens utilisés par la France pour obliger les souverains africains à signer les traités de protectorat. Il en résulte que les premiers traités entre la France et les souverains des territoires qui constitueront plus tard la Haute-Volta (aujourd'hui Burkina Faso) ont été

[14]Babacar FALL, *Le travail forcé en Afrique Occidentale Française (1900-1945)*, Paris, Karthala, 1993, 352p.
[15] Edgard ROUARD DE CARD, *Les traités de protectorat conclus par la France en Afrique, 1870-1895*, Paris, A. Durand et Pédone-Lauriel, 1897, 237p.

imposés aux rois du Moogho, dans un contexte d'occupation militaire.

II. La création de la Haute-Volta, un réservoir de main-d'œuvre pour l'administration coloniale française

La Haute-Volta fut créée par le décret du 1er mars 1919 du gouvernement français[16]. Cette colonie fut qualifiée dès sa création comme un réservoir de main-d'œuvre. Les écrits du grand reporter français du début du XXe siècle, Albert Londres, confirment la thèse d'un surpeuplement des territoires du Moogho et l'utilisation impudente de sa main-d'œuvre qui en sera faite : « ainsi, nous arrivons en Haute-Volta, dans le pays Mossi. Il est connu en Afrique sous le nom de réservoir d'hommes : 3 millions de nègres. Tout le monde vient en chercher comme de l'eau au puits. Lors des chemins de fer Thiès-Kayes et Kayes-Niger, on tapait dans le Mossi. La Côte d'Ivoire, pour son chemin de fer, tape dans le Mossi[17]… ».

Pour l'administration coloniale française, « le Voltaïque est un travailleur courageux et docile »[18]. Le plan du Lieutenant-gouverneur Édouard Hesling scella définitivement le sort des Voltaïques dans la politique migratoire française en Afrique Occidentale Française (A.O.F). Il assura la circulation des Voltaïques de force pour participer à la construction de tous les grands chantiers de l'Afrique Occidentale Française (chemins de fer, culture de café et de cacao en Côte d'Ivoire, Office du Niger au Soudan français, bassin arachidier au Sénégal). La colonie de la Haute-Volta fut supprimée en 1932

[16] JORF du 20 mai 1919 page 5200
[17] Albert LONDRES, *Terre d'ébène, les éditions de Londres*, 2012, p.92
[18] Pierre KIPRE, *Migrations en Afrique. La construction des identités nationales et la question des étrangers*, Abidjan, les éditions du CERAP, 2010 ; p.117.

(reconstituée en 1947) par l'administration coloniale française[19] afin de mieux contrôler et faciliter la circulation des flux des travailleurs agricoles vers la riche colonie de Côte d'Ivoire.

La France imposa aux Voltaïques l'impôt de capitation, le « yôonr yaoodo[20] » (le prix du droit de respirer) qui allait jeter les forces vives de l'État vers l'extérieur. Autrement dit, la France a utilisé l'impôt pour obliger les jeunes Voltaïques réticents à quitter leurs territoires. Frédéric Pacéré Titinga montre très bien qu' « en 1920, le chiffre de migrants était nul (…) Il passa de 100 000 en 1950 pour atteindre 950 000 migrants en 1965[21] ». En d'autres termes, la France a fait délibérément de la Haute-Volta, un pays d'émigration. Elle s'étonnera pourtant (comme pour d'autres Etats africains) de la migration des Voltaïques vers son propre territoire. La migration forcée des Voltaïques pendant la période coloniale explique leur nombre important dans certains Etats ouest-africains (Côte d'Ivoire, Ghana, Mali) au lendemain des indépendances. Dans son article, Zongo estime la présence de 2 238 548 ressortissants burkinabé en Côte d'Ivoire, représentant 14,56 % de la population totale ivoirienne[22].

Au sortir des indépendances, le lien entre migration et développement au Burkina Faso était bien établi. Une étude de

---

[19]Décret et rapports de présentation du 5 septembre 1932 relatifs à la suppression de la colonie de la Haute- Volta, JORF du 10 septembre 1932, p.9927. La colonie de la Haute-Volta fut reconstituée le 4 septembre 1947 (Loi n°47-1707 du 4 septembre 1947 tendant au rétablissement du territoire de la Haute-Volta, JORF du 5 septembre 1947, p.8834)

[20] Frédéric Paceré TITINGA, Burkina *Faso : migration et droits des travailleurs (1897-2003)*, Paris, Karthala, 2004, p.84.

[21] Ibid.

[22]Mahamadou ZONGO, « La diaspora burkinabè en Côte d'Ivoire. Trajectoire historique, recomposition des dynamiques migratoires et rapport avec le pays d'origine », Politique africaine, 2003, p.2

l'Organisation Internationale pour les Migrations montre que « depuis les décennies 1960 et 1970, la Haute-Volta survivait grâce aux fonds qui lui provenaient de sa population en situation de main-d'œuvre dans les colonies ou anciennes colonies plus prospères, dont la Côte d'Ivoire[23]… ».

Selon le rapport publié par la Banque Mondiale en 2016, intitulé « Migrations et envois de fonds : développement récents et perspectives », les transferts de fonds des migrants burkinabé vers leur pays d'origine étaient de 0,4 milliards de dollars. Un montant plus important que l'aide au développement octroyé par la France. En 2015, La Banque Mondiale avait estimé les transferts de fond à 398 millions de dollars, soit 3,6% du PIB. La Côte d'Ivoire et les États-Unis sont les principaux pays d'où proviennent les transferts de fond.

Les causes des migrations des Voltaïques sont aujourd'hui diversifiées. Les facteurs explicatifs renforcent à plusieurs égards, la doctrine en la matière. En effet, pays sahélien et classé parmi les pays les plus pauvres au monde, la pauvreté théorisée par le processus d'attraction-répulsion (push-pull) pourrait expliquer en partie les migrations des burkinabè. L'effet des mauvaises lois analysé par Ravenstein[24] trouve un intérêt dans l'explication de ce phénomène.

L'attractivité des pays du Nord confrontés à un besoin chronique et inévitable de travailleurs étrangers[25] inciterait

---

[23] OIM, *Etude de la diaspora burkinabé au Burkina Faso en Côte d'Ivoire, en Italie et en France*, 2016, p.12

[24] Ernst RAVENSTEIN, (1889), « The laws of migration », Journal of the Royal Statistical, Society, 52 (2), 1889, pp. 241-305

[25]Voir Douglas S. MASSEY, Joaquin ARANJO, Hugo GRAEME, Ali KOUAOUCI, Adela PELLEGRINO and Taylor J. EDWARD, Theories of international migration: A review and appraisal, *Population and Development Review*, 1993, pp. 431-466

aussi le départ de nombreux africains. Face aux aléas climatiques et économiques (sécheresse, chômage…) dans les pays du Sud, l'émigration devient aussi une assurance, « avoir un enfant à l'étranger peut ne pas être optimal en période de récoltes mais vital en cas de crise[26] ».

Les investissements dans les pays d'origine et les qualifications[27] des migrants, l'expérience[28] de la migration sont également des facteurs qui incitent à l'émigration et à la diversification des pays d'accueil. Enfin, la théorie de « l'économie-monde[29] » défendue par Guilmoto et Sandron, présente le phénomène migratoire comme « un des produits les plus manifestes de la violence historique de la rencontre coloniale[30] ». Les chercheurs soutiennent que la migration serait une nouvelle forme d'exploitation internationale des ressources des pays en développement, un mécanisme de survie pour les individus des pays exploités.

En somme, une seule théorie ne peut expliquer les migrations qui sont en réalité inhérente à la nature humaine. Le principe de la libre circulation des personnes et le droit de quitter son pays sont affirmés dans la Déclaration universelle des droits de l'homme de 1948. L'article 13 du droit onusien stipule : « toute personne a le droit de circuler librement et de choisir sa résidence à l'intérieur d'un État. Toute personne a le droit de quitter tout pays, y compris le sien, et de revenir dans son pays ».

---

[26] Étienne PIGUET et Denise EFIONAYI, *Partir ou rester ? La migration dans le projet de vie des étudiants universitaires d'Afrique de l'Ouest,* Geneva, Swiss Network For International Studies (Research Report), 2011, 85 p.

[27]Bonayi DABIRE, *Profil migratoire du Burkina Faso*, étude commanditée par l'OIM et l'Union européenne, mars 2014, 67 p.

[28]Luc SINDJOUM, *État, individus et réseaux dans les migrations africaines*, Paris, Karthala, 2004, 360p.

[29] Z.C. GUILMOTO et F. SANDRON, « Migration et développement, La documentation française », Paris, 2003, p. 23.

[30] Ibid., p.7.

En d'autres termes, aucun État ne peut et ne doit restreindre ou interdire le droit reconnu à chaque citoyen de sortir de son pays d'origine et d'y revenir librement.

La réalité du droit international nous ramène cependant à plus de prudence, le droit d'entrer dans un autre pays relève en effet d'une autre problématique. Comme l'affirme Jean-Yves Carlier, « si j'ai le droit de quitter un pays, je n'ai pas le droit d'entrer dans un autre pays[31] ». En réalité, il est réglé le plus souvent par d'autres instruments : les accords bilatéraux ou multilatéraux, les droits communautaires (UE ou CEDEAO par exemples). En conséquence, l'entrée légale des ressortissants burkinabé en France est régie par des accords bilatéraux de même que les droits qui leur sont conférés. Ces textes étant d'une importance particulière, le processus devant aboutir à leur conclusion doit être pris avec beaucoup de rigueur et de sérieux.

Face à un Occident libéral, pouvoir négocier des droits importants pour les ressortissants burkinabè exige l'élaboration méthodique d'une diplomatie migratoire. En la matière, certains États africains ont pu obtenir des contreparties en usant de leurs positions géographiques par exemple. Dans son article sur ce sujet, Sara Benjelloun montre avec pertinence comment le Maroc a pu adopter une stratégie payante vis-à-vis de l'Union européenne : « se positionner en bon élève et négocier des rétribuions de plus en plus importantes en opérant un emboitement des enjeux migratoires et économiques[32] ». Une

---

[31]Lire à ce sujet Jean-Yves CARLIER, « Existe-t-il un droit à la migration ? La cigogne et la maison » In : Les migrations internationales contemporaines : Une dynamique complexe au cœur de la globalisation, Montréal : Presses de l'Université de Montréal, 2009, pp.389-407.

[32]Sara BENJELLOUN, « Diplomatie migratoire du Maroc. La nouvelle politique migratoire ou la formation d'une politique publique engagée pour soutenir la politique étrangère du Maroc ». Résumé de thèse, Revue GéoDév.ma, Volume 8 (2020), p.4

« rente géographique[33] » que le Maroc utilise stratégiquement pour exiger des contreparties conséquentes face à l'Occident. Dans le même sens, si la Turquie continue d'instrumentaliser les accords UE- Turquie sur la migration, les migrations ont aussi été pendant longtemps un « instrument de la politique Khadafienne[34] ».

Par conséquent, la recherche d'une meilleure protection juridique des Burkinabè de l'extérieur passe donc par la signature de « bons » accords bilatéraux, ce qui suppose l'exigence de contreparties à la partie française en usant des atouts géographiques, économiques, politiques et culturels dont dispose le pays des hommes intègres. La protection est l'action de prendre soin des intérêts d'une personne ou d'une institution. Cette protection adopte des formes et revêt des aspects distincts selon la personne ou l'objet protégé ainsi que selon les modes de protection. Dans ce travail, les personnes à protéger sont des Burkinabè (en situation régulière ou irrégulière) qui deviennent systématiquement des étrangers sur le territoire français.

Au-delà donc des droits nationaux, ce sont donc les accords négociés sans complexe, qui demeurent les instruments les plus appropriés pour conférer des droits plus importants aux ressortissants d'États tiers. Dans cette optique, les États émetteurs de migrants comme le Burkina Faso sont appelés à exploiter judicieusement le droit international des migrations et ratifier les conventions y relatives.

---

[33]Ali BENSAAD, « Le Maghreb pris entre deux feux ». Le Monde, 2005.Texte en ligne : https://www.lemonde.fr/idees/article/2005/10/28/le-maghreb-pris-entre-deux-feux-par-ali-bensaad_704363_3232.html
[34]Delphine PERRIN, « Les migrations en Libye, un instrument de la diplomatie kadhafienne », Outre-Terre, 2009/3, n° 23, p. 289-303. DOI : URL : https://www.cairn.info/revue-outre-terre1-2009-3-page-289.htm

Chapitre 2. L'État burkinabè et les conventions internationales

À l'instar de tous les pays d'émigration, les autorités burkinabè ont très tôt compris la nécessité d'adhérer aux institutions communautaires (I) sous régionales (CEDEAO et UEMOA) et de ratifier les principales conventions internationales de l'OIT et de l'ONU (II) afin de protéger leurs ressortissants à l'étranger.

I. La protection des Burkinabé par le droit communautaire Ouest-africain

Cette protection est censée être assurée par les droits CEDEAO (A) et UEMOA (B).

A. Le droit CEDEAO de la migration

La Communauté Economique des États de l'Afrique de l'Ouest (CEDEAO) est un vaste ensemble de plus de 300 millions de personnes. Elle regroupe aujourd'hui 15 pays (après le retrait de la Mauritanie). Le premier traité CEDEAO est un accord multilatéral signé par les États membres en 1975 à Lagos, au Nigeria, par les chefs d'État et de gouvernements. Suite aux changements et aux nouveaux mandats de la Communauté, un traité révisé a été signé en 1993 à Cotonou, République du Bénin. Sur le volet migratoire, le Burkina Faso a ratifié sans réserve tous les protocoles de la CEDEAO qui y sont relatifs. Ce sont :

- le Protocole A/P1/5/79 sur la libre circulation des personnes, le droit de résidence et d'établissement ;

- le Protocole A/P3/5/82 portant sur le Code de la citoyenneté de la Communauté ;

- le Protocole additionnel A/SP1/7/85 portant sur le Code de conduite pour l'application du protocole sur la libre circulation des personnes, le droit de résidence et d'établissement ;

- le Protocole additionnel A/SP1/7/86 relatif à l'exécution de la deuxième étape (droit de résidence) du protocole sur la libre circulation des personnes, le droit de résidence et d'établissement ;

- le Protocole additionnel A/SP1/6/89 complétant les dispositions de l'article 7 du protocole sur la libre circulation des personnes, le droit de résidence et d'établissement ;

- le Protocole additionnel A/SP2/5/90 relatif à l'exécution de la troisième étape (droit d'établissement) du protocole sur la libre circulation des personnes, le droit de résidence et d'établissement.

Le droit CEDEAO rencontre de sérieuses difficultés[35] dans sa mise en œuvre effective, les principaux États d'accueil

---

[35]On note néanmoins quelques timides avancées. Parmi les Décisions, on peut citer : Décision A/DEC.8/5/82 portant modification du paragraphe 1 de l'article 27 du traité de la Communauté économique des Etats de l'Afrique de l'Ouest ; Décision A/DEC/10/5/82 relative à l'application du protocole sur la libre circulation et au programme d'information du public ; Décision A/DEC.2/7/85 portant sur l'institution d'un carnet de voyage des États membres de la CEDEAO ; Décision /DEC.2/5/90 portant sur

n'ayant toujours pas ratifié les protocoles importants dont notamment le Protocole additionnel relatif à l'exécution de la deuxième étape (droit de résidence) du protocole sur la libre circulation des personnes, le droit de résidence et d'établissement.

Les autorités burkinabè ont aussi signé les textes fondamentaux de l'Union Economique et Monétaire Ouest Africaine (UEMOA) en la matière.

B. Le droit UEMOA de la migration

Créée le 10 janvier 1994, l'Union Economique et Monétaire Ouest-Africaine (UEMOA) regroupe aujourd'hui huit États. Elle poursuit comme objectifs (art.4) la création d'« un marché commun basé sur la libre circulation des personnes, des biens, des services, des capitaux et le droit d'établissement des personnes exerçant une activité indépendante ou salariée, ainsi que sur un tarif extérieur commun et une politique commerciale commune ». L'article 91 du traité modifié stipule: « sous réserve des limitations justifiées par des motifs d'ordre public, de sécurité publique, les ressortissants d'un État membre bénéficient sur l'ensemble du territoire de l'Union de la liberté de circulation et de résidence qui implique :

- l'abolition entre les ressortissants des États membres de toute discrimination fondée sur la nationalité, en ce qui concerne la recherche et l'exercice d'un emploi, à l'exception des emplois dans la fonction publique ;

---

l'institution d'une carte de résident des Etats membres de la CEDEAO. Sur les Résolution : Résolution A/RE2/11/84 relative à l'application de la première étape du protocole sur la libre circulation des personnes, le droit de résidence et d'établissement.

- le droit de se déplacer et de séjourner sur l'ensemble des États membres ;
- le droit de continuer à résider dans un État membre après y avoir exercé un emploi.

Cette clause permet d'assurer aux travailleurs migrants et à leurs ayants droit, la continuité de la jouissance des prestations susceptibles de leur être assurées au titre des périodes d'emploi successives sur le territoire de tous les États membres. Le traité prévoit également un droit d'établissement dans l'ensemble de l'Union. Ce droit comporte l'accès aux activités non salariées et leur exercice, ainsi que la constitution et la gestion d'entreprises dans des conditions définies par la législation du pays d'établissement, sous réserve des limitations justifiées par des raisons d'ordre public, de sécurité publique ou de santé publique. Il faut cependant préciser que le droit UEMOA met plutôt l'accent sur la circulation et l'établissement d'une catégorie particulière de migrants : les travailleurs des États membres de l'Union. La protection internationale des Burkinabè a aussi été envisagée par les autorités burkinabè successives à travers la ratification de plusieurs conventions internationales sur la migration.

II. Les principales conventions internationales sur les migrations

L'État burkinabé a ratifié les trois principaux instruments Internationaux sur la migration : les conventions n°97 et n°143 de l'OIT (A) et celle de l'ONU sur la protection des droits de tous les travailleurs migrants et des membres de leur famille (B).

A. Les conventions de l'OIT

La Convention n°97 de l'OIT a été adoptée le 1er juillet 1949 au lendemain de la seconde guerre mondiale lors de la trente-deuxième session de la Conférence Internationale du Travail. Entrée en vigueur le 22 janvier 1952, elle est le premier instrument juridique de l'OIT, spécifique à la protection des droits des travailleurs migrants. Pour la première fois, un texte de portée internationale donne une définition du travailleur migrant.

En effet, au terme de l'article 11 de la convention, le travailleur migrant désigne « une personne qui émigre ou a émigré d'un pays vers un autre pays en vue d'occuper un emploi autrement que pour son propre compte ; il inclut toute personne admise régulièrement en qualité de travailleur migrant ». Si la Convention exclut les travailleurs frontaliers, les personnes exerçant une profession libérale, les gens de mer, la notion de travailleur migrant s'applique à toute personne qui émigre dans l'intention d'occuper un emploi dans un État d'accueil. La définition donnée par l'OIT ne concerne cependant que les migrants entrés régulièrement dans l'État d'accueil. Cette disposition reconnaît en plus la souveraineté des États d'accueil dans l'admission des migrants. Elle rappelle cependant l'obligation des États d'immigration d'assurer les mêmes droits aux travailleurs migrants réguliers que ceux offerts à leurs nationaux. La Convention n°97 autorise (art.10) la conclusion d'accords bilatéraux entre États d'immigration et ceux d'émigration pour « régler les questions d'intérêt commun » en cas de flux migratoire plus important. Ces stipulations sont loin d'encourager les États d'immigration à la ratifier.

En Europe, seulement huit pays ont ratifié la Convention n°97 sur les travailleurs migrants. Il s'agit de l'Allemagne (le

22 juin 1959), de la Belgique (27 juillet 1953), de Chypre (23 septembre 1960), de l'Espagne (21 mars 1967), de la France (29 mars 1954), de l'Italie (22 octobre 1952), des Pays-Bas (20 mai 1952), du Royaume-Uni (22 janvier 1951). La France a ratifié la Convention n°97 en 1954, c'est-à-dire à un moment où elle était déjà une terre d'accueil des migrants, mais principalement européens. Elle a cependant exclu son annexe II qui autorise les employeurs et les bureaux privés à effectuer le recrutement, l'introduction et le placement de travailleurs migrants. L'exclusion de l'annexe II de la Convention n°97 sur les travailleurs migrants permet à l'État français d'avoir le monopole et le contrôle exclusif de l'admission des travailleurs migrants sur son territoire. La France et le Royaume-Uni ont donc ratifié la Convention n°97 en prenant soin d'exclure les stipulations relativement importantes.

Dans la production normative de l'OIT, la Convention n°143 est pour l'instant, l'instrument juridique le plus ambitieux. Au départ, elle visait à combler les insuffisances de la Convention n°97 en cherchant une large adhésion des États d'accueil et émetteurs de main-d'œuvre pour mieux protéger les travailleurs migrants, ce qui supposait une analyse des causes de l'échec de la Convention n°97 et la détermination d'une période favorable à l'adoption de la nouvelle convention.

La Convention n°143 sur les travailleurs migrants (dispositions complémentaires) a été adoptée à Genève le 24 juin 1975 et est entrée en vigueur le 9 décembre 1978. Elle fut adoptée dans un contexte de crise économique et de fermeture des frontières des principaux États d'accueil européens, d'où un risque avéré de faible ratification par ces États.

Cette convention révolutionne cependant le droit international des migrations en énonçant des droits pour tous les travailleurs migrants, y compris ceux en situation irrégulière. L'article premier attache la question des droits des migrants à celle des droits de l'homme en obligeant les États parties à « respecter les droits fondamentaux de l'homme de tous les travailleurs migrants ». Elle est le premier texte de portée internationale à établir des droits à minima pour les migrants illégaux.

L'article 9 de la Convention déclare que les travailleurs migrants en situation irrégulière doivent bénéficier au même titre que ceux en situation régulière de « l'égalité de traitement » en ce qui concerne les « droits découlant d'emplois antérieurs en matière de rémunération, de sécurité sociale et autres avantages ». Une interprétation de cette disposition permet d'affirmer que les travailleurs migrants en situation irrégulière doivent à défaut d'être régularisés, bénéficier des prestations sociales des régimes de sécurité sociale pour eux-mêmes et pour leurs familles.

La Convention n°143 touche en réalité à des questions sensibles (reconnaissance de droits aux migrants en situation irrégulière par exemple) dont les États d'accueil estiment qu'elles relèvent de leur souveraineté. Sans surprise, cette convention n'est ratifiée que par 25 pays (essentiellement des pays d'émigration) dont le Burkina Faso. En Europe, elle est ratifiée par la République de Chypre (le 28 juin 1977), l'Italie (23 juin 1981), la Norvège (24 janvier 1979), le Portugal (12 décembre 1978) et la Suède (28 décembre 1982). Les États européens[36] considèrent que les stipulations de la convention encouragent les migrations illégales. La France n'a pas ratifié la Convention n°143 parce qu'elle refuse d'accorder aux

[36] L'Italie est le seul pays d'accueil d'Europe à avoir ratifié la Convention n°143, le 23 juin 1981, à une période où elle n'était pas encore une terre d'accueil de migrants. La transformation de l'Italie en un État d'immigration n'est pas sans incidence sur l'application de la Convention n°143 qu'elle a ratifiée.

migrants en situation irrégulière certaines prestations de sécurité sociale (assurance maladie, chômage...). La convention serait même perçue comme un appel d'air à la misère du monde. Le droit de l'O.I.T sur les migrations est un droit utile mais un droit ignoré principalement par les États d'accueil des migrants dont la France. Il en est de même du droit international de l'O.N.U sur les migrations, encore plus ambitieux.

B. Le droit onusien des migrations

Parmi les instruments juridiques pertinents encadrant les droits des migrants, le Pacte international relatif aux droits économiques, sociaux et culturels adopté le 16 décembre 1966 (entré en vigueur le 3 janvier 1976) reconnait de nombreux droits aux personnes migrantes. Les États parties y reconnaissent en effet le droit pour toute personne de jouir de conditions de travail justes et favorables (art.7), le droit de s'affilier au syndicat de son choix (art.8), le droit à la sécurité sociale y compris les assurances sociales (art.9), le droit à la santé (art.12), le droit à l'éducation (art.13).

Le Pacte international relatif aux droits civils et politiques adopté également le 16 décembre 1966 reconnait le droit à tous les peuples de disposer d'eux-mêmes (art.1). Les États s'engagent à assurer le droit égal des hommes et des femmes, tous les droits civils et politiques, à interdire toute discrimination fondée sur la race, la couleur, la religion ou l'origine sociale (art.2). Les États s'engagent également à interdire l'esclavage et la traite des esclaves sous toutes leurs formes (art.8) mais aussi à assurer l'égalité devant les tribunaux et les cours de justice (art.14). Si l'application de ces textes demeure très relative par les États parties, la Convention internationale sur la protection de tous les travailleurs migrants et les membres de leurs familles constitue l'avancée la plus remarquable du droit onusien sur la protection des travailleurs migrants.

La convention internationale sur la protection des droits de tous les travailleurs migrants et des membres de leurs familles a été adoptée par la Résolution 45/168 du 18 décembre 1990 aux quarante cinquième sessions de l'Assemblée générale de l'O.N.U. À l'issue de son adoption, un seuil de 20 ratifications avait été fixé pour son entrée en vigueur. Ce seuil ne fut atteint que treize années plus tard, le 1er juillet 2003. Le retard mis par la Communauté internationale pour trouver un compromis dans l'adoption de la convention de l'O.N.U sur les travailleurs migrants traduit les divergences profondes entre les États d'immigration et les États émetteurs de migrants.

La Convention de l'O.N.U est très souvent présentée comme étant très ambitieuse. En réalité, elle ne fait qu'humaniser un processus accéléré de déshumanisation des migrations Nord-Sud. À ce titre, dès son préambule, la convention rappelle que « partout, les droits des travailleurs migrants et des membres de leur famille n'ont pas été suffisamment reconnus et qu'ils doivent donc bénéficier d'une protection internationale appropriée ». La Convention de l'O.N.U serait dans ce cas, l'instrument juridique le plus « approprié ».

La définition par l'O.N.U du terme « travailleur migrant » permet de se faire une idée des ambitions du texte. Aux termes de l'article 2 §1, l'expression « travailleurs migrants désigne les personnes qui vont exercer, exercent ou ont exercé une activité rémunérée dans un État dont elles ne sont pas ressortissantes ». Cette définition est très large. Il semble qu'à l'origine, les rédacteurs du texte aient été encore plus prolifiques. L'expression « cherche à exercer » fut supprimée lors des travaux préparatoires pour exclure les personnes qui émigrent dans l'intention de trouver un travail. La formulation actuelle semble pourtant inclure cette catégorie de migrants dans la mesure où le terme « vont exercer » intègre l'intention de chercher du travail.

La convention onusienne stipule que les migrants illégaux doivent aussi bénéficier du droit à la liberté de pensée, de conscience et de religion ; à la liberté et à la sécurité de leur personne ; à la protection effective de l'État d'accueil ; le droit à la personnalité juridique ; le droit d'avoir recours à la protection et à l'assistance des autorités consulaires ou diplomatiques de leur État d'origine ; le droit d'être soigné.

Sur cette dernière question, l'article 28 de la Convention de l'O.N.U est très précis puisqu'il stipule que « les travailleurs migrants et les membres de leur famille ont le droit de recevoir tous les soins médicaux d'urgence qui sont nécessaires pour préserver leur vie ou éviter un dommage irréparable à leur santé, sur la base de l'égalité de traitement avec les ressortissants de l'État en cause. De tels soins médicaux d'urgence ne leur sont pas refusés en raison d'une quelconque irrégularité en matière de séjour ou d'emploi ».

L'ambition clairement affichée de la convention de l'O.N.U de couvrir sans exception toutes les catégories de migrants a une conséquence immédiate sur le nombre et le type de pays qui l'ont ratifiée. Il faut dire qu'atteindre cet objectif exigeait une large promotion de la convention. On peut donc regretter le fait que « la Convention fasse figure de parent pauvre au sein du système onusien. Elle n'a bénéficié d'aucune publicité pendant les six années qui ont suivi son adoption, au point d'être surnommée pendant longtemps, le secret le mieux gardé des Nations Unies[37] ».

Parmi les États membres de l'O.N.U, la Convention est aujourd'hui ratifiée par seulement 55 États parties, essentiellement des États d'émigration. De ce qui précède, il faut bien admettre que les droits de l'O.I.T et de l'O.N.U contiennent des dispositions pertinentes qui protègent les droits des travailleurs migrants. Ces droits ont cependant une faible effectivité puisque les conventions sont très peu ratifiées aussi bien par les États d'accueil du Nord que ceux du Sud.

La Convention de l'O.N.U sur les droits de tous les travailleurs migrants et les membres de leur famille illustre parfaitement les limites du droit international des migrations. Elle n'a été ratifiée par aucun pays d'immigration. Ces États, dont la France, reprochent principalement au texte onusien d'empiéter sur les souverainetés, en reconnaissant des droits aux migrants illégaux. Ces derniers sont pourtant employés dans des conditions de vie et de travail inhumaines, privés de droit par les entreprises (économie souterraine) des États d'accueil, ce qui justifie l'utilité du droit international sur la protection des droits de tous les travailleurs migrants. Les limites du droit international (O.I.T, O.N.U) obligent au fond les États émetteurs de migrants, dont le Burkina Faso, à négocier ou renégocier des accords qui protègent efficacement leurs ressortissants.

---

[37]Antoine PECOUT et Pau de GUCHTENEIRE , *La Convention des Nations-Unies sur les droits des travailleurs,* Revue Hommes et Migrations, n°1271, janvier-février 2008, p.129

Chapitre 3. La subordination des autorités voltaïques lors de la conclusion des premiers accords bilatéraux

Au lendemain des Indépendances, la France avait réservé un traitement privilégié (I) aux ressortissants de l'Afrique Occidentale Française, cette période favorisera aussi l'installation des premiers migrants voltaïques sur le territoire français (II).

I. Un régime privilégié de circulation et d'établissement pour les Voltaïques en France

Pendant la période coloniale, la France avait entrepris dans un élan purement assimilationniste la formation des futures élites africaines. En 1946, on comptait environ 250 étudiants africains et malgaches en France, puis 800 en 1950 et 2 000 en 1955[38] ». Le nombre d'étudiants africains originaires de la communauté franco-africaine atteindra 4.544[39] en 1960. Parmi ces étudiants africains figuraient de nombreux Voltaïques. Au moment de conclure les premiers accords bilatéraux, la Haute-Volta à l'instar des autres nouveaux États francophones, disposait d'une « petite » élite consciente des enjeux, et

[38] Philippe DEWITTE, « Intellectuels et étudiants africains à Paris à la veille des indépendances (1945-1960) » In : Le Paris des étrangers depuis 1945 [en ligne]. Paris : Éditions de la Sorbonne, 1995, p.4.
[39] Ibid.

capable de négocier intelligemment des accords bilatéraux avec les États tiers dont la France.

La première République voltaïque a été dirigée du 11 décembre 1959 au 3 octobre 1965 par le président Maurice Yaméogo. La plupart des présidents Africains de cette époque ont été choisis par la France[40] afin de continuer subtilement l'entreprise coloniale en protégeant les intérêts français en Afrique. Ils étaient pour la plupart des subordonnés, des « pions » de la France, invités à appliquer avec méthode, rigueur et générosité les multiples injonctions, même contradictoires, de l'ancienne puissance colonie.

Trois textes importants régulant la circulation des Voltaïques ont été signés pendant cette période. L'accord multilatéral[41] du 22 juin 1960 est le premier texte signé par les premières autorités voltaïques. Excepté la Guinée[42], cet accord accordait (art.2) aux Voltaïques et aux autres ressortissants de l'ancienne Afrique Occidentale Française, une liberté d'entrée, un libre accès au marché du travail et une liberté d'établissement sur le territoire français. Ces privilèges étaient

---

[40]Lire à ce sujet : Michel MARC et Frédéric TURPIN, De Gaulle, Pompidou et l'Afrique (1958-1974), Décoloniser et coopérer, 2010. In: Outre-mer, tome 99, n°374-375,2012. Mayotte, un enjeu ultramarin, sous la direction de Hubert BONIN. pp. 336-338.

[41] Des accords similaires furent signés à la même époque avec le Congo (15 août 1960), le Gabon (1er août 1960), la République Centrafricaine (7 octobre 1960), le Tchad (15 janvier 1961).

[42] Elle a été le seul pays africain à s'opposer à l'accord bilatéral proposé par la France, en invoquant le caractère néocolonialiste du texte. Les autorités guinéennes estimaient que cet accord portait atteinte à la souveraineté des jeunes États africains. En effet, lors du référendum du 28 septembre 1958 sur le projet de Constitution proposé par le Général De Gaulle pour la constitution d'une communauté franco-africaine, l'ancien président guinéen Sékou Touré avait défié la France en déclarant que : « nous préférons la liberté dans la pauvreté à la richesse dans l'esclavage... ».

exclusifs, accordés selon la formule paternaliste ci-après du président français Charles De Gaulle : « l'assistance de la France devait être réservée exclusivement aux États de la Communauté[43]… ».

Il semble pertinent d'analyser le comportement de la France vis-à-vis de la Guinée, ce pays avait dit non à la France lors du référendum du 28 septembre 1958 en décidant de quitter l'Afrique Occidentale Française. La Guinée fut sanctionnée par la France qui prît deux mesures fortes :

- l'imposition d'un visa d'entrée aux ressortissants Guinéens souhaitant venir en France ;
- la suspension de toute aide au développement à la Guinée.

Ainsi, dès les années 1960, la France avait commencé à utiliser l'aide au développement pour faire plier les États africains lors des négociations bilatérales et multilatérales. Les années d'indépendance ont donc aussi été les années du début de l'instrumentalisation de l'aide au développement par les autorités françaises. En somme, l'accord multilatéral de 1960 fut un instrument permettant à la France de maintenir son hégémonie sur les anciens territoires de l'A.O.F en accordant aux ressortissants des « États disciplinés » comme la Haute-Volta, le Sénégal, la Côte d'Ivoire un certain nombre de privilèges mais aussi un moyen de sanctionner l'État « rebelle », en l'occurrence la Guinée. À contrario, le comportement des autorités guinéennes était la preuve irréfutable qu'une émancipation des Africains face à l'État colonisateur était bien possible. Une éventualité obstruée par

[43] Turpin Frédéric, « Le passage à la diplomatie bilatérale franco-africaine après l'échec de la Communauté », Relations internationales, 2008/3 (n° 135), p. 7.

l'absence de solidarité entre les États africains francophones autrefois sous domination de la France.

Sous la première République en Haute-Volta, les Voltaïques pouvaient aussi profiter des avantages en matière de circulation qu'octroyait l'accord bilatéral d'établissement signé le 22 juin 1960 entre la France et la Fédération Mali-Sénégal[44]. Cet accord comportait une clause d'assimilation au citoyen français. Il prévoyait que les ressortissants de ces États pouvaient entrer sur le territoire français sous couvert d'une simple carte d'identité ou d'un passeport (même périmé depuis cinq ans), travailler sans titre de séjour et carte de travail, accéder à tout type d'emploi (y compris la fonction publique).

Malgré toutes ces facilités, les Voltaïques migraient très faiblement vers la France, ils étaient beaucoup plus intéressés pour des raisons sociologiques et géographiques par les migrations de proximité (Côte d'Ivoire, Ghana). Il faut admettre que l'accès à la souveraineté nationale des territoires constituant l'ancienne A.O.F a obligé (principe du droit international) la France à conclure avec chacun d'eux, des accords bilatéraux.

En conséquence, les autorités burkinabè ont signé le 24 avril 1961 avec la France un traité de coopération. Ce texte comportait en réalité plusieurs accords : l'accord monétaire, économique et financier, l'accord en matière d'assistance militaire et technique, l'accord de coopération en matière judiciaire, l'accord de coopération en matière d'enseignement supérieur. Ce dernier accord qui nous intéresse visait entre autres à imposer la langue française dans les nouveaux États à travers un plan de francisation des jeunes Africains ou selon

[44] La Fédération Mali-Sénégal était un regroupement de quatre territoires : le Sénégal, le Soudan, la Haute-Volta et le Dahomey.

l'expression de Pondi, à former des « Français à la peau noire[45] ».

L'accord autorisait l'installation de Français en Haute-Volta à des fins d'enseignement : « la République française s'engage à mettre à la disposition de la République de Haute-Volta le personnel nécessaire pour aider au développement de l'enseignement sur le territoire de la République de Haute-Volta... ». Grâce à cette clause, de nombreux Français appelés « des coopérants » vont s'installer en Haute-Volta dans le but de former les jeunes Burkinabè, l'objectif étant aussi d'initier, en passant, ces jeunes à la culture française. Dans son étude sur le rôle des coopérants dans l'enseignement secondaire voltaïque, Honnoré Ouédraogo affirme qu'entre 1960 et 1972, « 310 enseignants français[46] » étaient présents sur le territoire burkinabè dans le cadre de l'accord. Sur la base des témoignages d'anciens élèves de coopérants français, le chercheur Burkinabè montre un bilan mitigé de l'apport des coopérants dans le système éducatif local. Les anciens élèves reconnaissent « la qualification professionnelle, la détermination, le dévouement, le sérieux, la rigueur, la conscience professionnelle des coopérants français ». Ils révèlent aussi « l'inaptitude, le manque de qualification, la paresse, l'alcoolisme[47] » de certains coopérants. Les enseignants blancs expatriés ont été remplacés par des nationaux, mais la langue officielle au Burkina Faso demeure le français. Le rayonnement culturel français continue d'être

[45]Jean-Emmanuel PONDI, « La coopération franco-africaine vue d'Afrique », Revue internationale et stratégique, 2002/1 (n° 45), p. 3.
[46]Honoré OUEDRAOGO Les coopérants dans l'enseignement secondaire voltaïque de 1960 au milieu des années 1980 : témoignages d'anciens élèves. In: Outre-mer, tome 101, n°384-385,2014. Coopérants et coopération en Afrique : circulations d'acteurs et recompositions culturelles (des années 1950 à nos jours) p. 157.
[47] Ibid.

assuré partout dans le monde à travers 520 établissements scolaires accueillant 370 000 élèves dont 60% de nationaux[48].

En revanche, le traité de coopération de 1961 autorisait le départ des étudiants Voltaïques vers la France : « …en outre, la République française facilitera sur son propre territoire la formation des ressortissants voltaïques et prêtera son concours à la création d'un centre d'enseignement supérieur à Ouagadougou. ». À défaut de statistiques disponibles, l'accord a sans doute permis la formation en France des premiers cadres Voltaïques (militaires, magistrats, médecins, juristes, historiens, architectes, sociologues…), une élite nationale qui était indispensable pour déclencher le processus de développement dans le nouvel État.

II. L'établissement des premiers Voltaïques en France

Il n'existe quasiment pas d'études permettant de situer avec précision le début de l'installation des Voltaïques « libres » en France. À l'évidence, c'est la réglementation française de l'emploi du personnel de maison subsaharien qui autorisait l'introduction puis l'établissement d'un genre particulier de travailleurs africains en France, les « boys » (terme courant en Afrique). En effet, le décret du 3 juillet 1897 portant règlement sur les indemnités de route et de séjour fixe de un à trois le nombre de domestiques qui peuvent respectivement accompagner les officiers supérieurs et généraux (ou fonctionnaires assimilés).

Ce texte aussi noir que le Code noir de Colbert continuait de faire de l'homme noir un être inférieur, à la fois un objet de décoration, de symbole et de prestige social, un « possible

[48]Ministère de l'éducation nationale et de la jeunesse, *Les établissements français à l'étranger*, 2020. Education.gouv.fr

stylistique » selon les termes de Bourdieu[49]. Les travaux de Dedieu Jean-Philippe montrent comment la France a réussi à « normaliser l'assujettissement[50] » à travers l'introduction méthodique des boys noirs Africains sur son territoire. En conséquence, de nombreux Subsahariens, personnels de maison parmi lesquels des Voltaïques vont s'installer en France, certains avant même les premiers étudiants Africains, et quelques tirailleurs Sénégalais (parmi lesquels des Voltaïques) restés après les guerres mondiales sur le territoire français.

Quelques étudiants Voltaïques de la première génération feront en effet le choix de rester en France après leurs études, le non retour des étudiants Africains étant théorisé à l'époque en ces termes par Jacques Barou : « après avoir vécu quatre ou cinq ans dans une société occidentale, l'étudiant peut-il facilement se réadapter aux habitudes et aux conditions de vie dans son pays d'origine ? La politique de leur pays d'origine continue de favoriser le recrutement de coopérants et experts étrangers dans des postes vitaux pour leur propre développement, quand bien même ils pourraient disposer parmi leur population d'une main-d'œuvre ayant le niveau de qualification nécessaire[51] ».

Finalement, on peut dire que le traité franco-voltaïque arrangeait les deux parties. L'absence de clause de sauvegarde n'a pas permis aux autorités d'obliger les premiers étudiants Voltaïques de retourner dans leur pays d'origine une fois leurs études terminées. Parallèlement à ces premiers accords franco-voltaïques, de nombreux travailleurs Voltaïques présents en

---

[49]Pierre BOURDIEU, *La distinction. Critique sociale du jugement,* Collection le sens commun, les éditions de Minuit, 1979, Paris, 672p.

[50]Jean-Philippe DEDIEU, « Normaliser l'assujettissement. La réglementation française de l'emploi du personnel de maison subsaharien au XXe siècle », Genèses, 2006, n° 62, p. 129-150.

[51]Jacques BAROU, « Les étudiants d'Afrique noire dans les pays de la Communauté ». In: Hommes et Migrations, n°1108, Novembre-décembre 1987. Les étudiants étrangers. p.68.

Côte d'Ivoire et en Haute-Volta vont aussi suivre leurs employeurs en France.

Lors de la conclusion des premiers accords, les autorités Voltaïques étaient beaucoup plus préoccupées par l'encadrement des migrations de proximité en Afrique de l'Ouest[52] où leurs ressortissants étaient plus nombreux. Cette négligence aura une incidence négative sur la promotion et l'application effective des droits des Voltaïques en France. La première génération (1960-1970) des accords bilatéraux de circulation des personnes entre la France et les anciens territoires qui constituaient l'A.O.F (1960-1970) dont la Haute-Volta, a entrainé l'installation d'au moins 25 450 Africains[53] sur le territoire français, parmi lesquels on comptait environ 400 Voltaïques (principalement des étudiants).

Subordonnés mais rationnels, les nouveaux États africains étaient confrontés à plusieurs défis : la formation d'une élite nationale, la construction d'infrastructures, la lutte contre les grandes endémies, etc. Si les accords bilatéraux étaient une opportunité, les États africains ont été moins attentifs sur le sort de leurs ressortissants en France. En conséquence, ceux-ci seront employés, confinés à l'instar des autres migrants Africains dans les emplois les plus précaires, sales et dangereux[54].

---

[52]En vue de protéger ses ressortissants, l'État voltaïque a signé le 9 mars 1960 avec la Côte d'Ivoire un accord bilatéral portant sur la gestion de la main-d'œuvre voltaïque. La Haute-Volta dénoncera cet accord en raison du non respect des engagements contractuels par la partie ivoirienne.

[53]Hélène BERGUES, « L'immigration des travailleurs africains noirs en France et particulièrement dans la région parisienne », Population, 1973/1 Vol. 28, p. 67.

[54]Lire Carlienne Brenner KENNEDY, *Les travailleurs étrangers et les politiques d'immigration : le cas de la France*, Paris, OCDE, 1979, 117p.

Chapitre 4. Le silence des autorités Voltaïques face aux décisions arbitraires de la France

La fin des trente glorieuses et les problèmes posés par l'immigration des travailleurs Africains ont été les principaux arguments avancés par la France pour commencer le verrouillage de ses frontières aux peuples Africains. Dans la décennie 1970-1980, ce processus débute par le durcissement des conditions d'établissement (I) dans les accords bilatéraux et la suspension de l'immigration africaine (II).

I. Le début du durcissement des conditions d'établissement

Entre 1963 et 1970, la France a conclu des accords (texte commun soumis aux États africains francophones) durcissant les conditions d'établissement. Ce texte commun fut signé par la Haute-Volta le 30 mai 1970), le Bénin (12 février 1971), la Côte d'Ivoire (21 février 1970), le Gabon (12 février 1974), le Mali (8 mars 1963), la Mauritanie (15 juillet 1963), le Niger (16 février 1970), le Sénégal (21 janvier 1964) et le Togo (25 février 1970). La convention franco-voltaïque du 30 mai 1970 exige désormais aux ressortissants Voltaïques souhaitant se rendre en France, les documents suivants :

- la production de garanties de rapatriement ;
- des certificats internationaux de vaccination ;

- un contrat de travail visé par les services du ministère du travail français ;
- la présentation d'un certificat de contrôle médical délivré par un médecin agréé.

Les Voltaïques furent cependant moins frappés par ces mesures restrictives : les migrants à cette époque étaient majoritairement des étudiants.

II. La suspension de l'immigration africaine, voltaïque

En vue de résoudre son problème de chômage, la France suspendit de façon unilatérale l'immigration le 5 juillet 1974. Elle n'avait pas jugé utile d'informer les États africains qui étaient en réalité directement visés. Cette mesure aura des conséquences irréversibles sur le comportement des migrants africains en France.

En effet, l'arrêt de l'immigration de travail salarié décidé par l'État français en 1974 avait accéléré le regroupement familial des non-européens[55], peu nombreux à retourner dans leurs pays. Les Européens bénéficiaient progressivement de la liberté de circulation, d'installation et de travail. Si une telle pratique était discriminatoire et contraire au droit international,

[55]Plus tard mais toujours dans un processus de durcissement, la Convention franco-malienne du 11 septembre 1977 va un peu plus loin que les autres en exigeant pour la première fois aux ressortissants maliens désireux de se rendre en France (et inversement) l'obligation de présenter un passeport en cours de validité, des garanties de rapatriement et des certificats internationaux de vaccination. Si l'objectif était de freiner les migrations maliennes, l'accord conclu entre les deux États le 17 décembre 1987 relatif à l'aide à la réinsertion dans l'économie malienne des travailleurs eut des effets mitigés, les primo-migrants plus avertis ayant mis en place un processus de remplacement de migrants.

la Haute-Volta et les autres États africains se sont abstenus à tort de rappeler à la France ses engagements bilatéraux.

La France continuait cependant à accueillir des étudiants voltaïques. Ce Burkinabè arrivé en France en 1973 pour étudier, aujourd'hui enseignant à l'université de Bordeaux, affirme : « dans ma génération, nous sommes venus dans le cadre des accords franco-voltaïques avec la reconnaissance de l'équivalence du BAC, celle-ci nous donnait l'accès aux universités françaises, dans notre génération, nous étions nombreux. Il m'est difficile de donner un chiffre. On peut évaluer à près de 300 étudiants boursiers (..). La majorité des étudiants sont rentrés au terme de leurs études, environ 90%. Un petit nombre est resté pour diverses raisons, moi, je suis resté car j'ai trouvé des opportunités professionnelles dans le domaine du cinéma (réalisateur) et à l'Université de Bordeaux...». Il en résulte que dans les années 1970, les étudiants voltaïques étaient majoritairement boursiers et retournaient en grande partie dans leur pays où ils accédaient plus facilement à des emplois de cadre. En outre, les attaches familiales et les opportunités d'emploi expliquaient le non retour d'une minorité de migrants.

Les mesures restrictives décidées par les autorités françaises n'ont suscité aucune réaction de la part de l'État voltaïque, dirigé sous la deuxième République par le militaire Sangoulé Lamizana (1966-1980). Les autorités Voltaïques n'avaient pas jugé utile de s'opposer à la décision française, l'absence de réaction pouvant s'expliquer par le faible nombre de ressortissants voltaïques sur le territoire français. L'urgence[56] concernait plutôt la protection des droits des

[56]Le gouvernement voltaïque dirigé par un militaire, Saye Zerbo (25 novembre 1980- 7 novembre 1982), était allé plus loin dans sa gouvernance de la migration. En vue de contrôler les migrations importantes des Voltaïques vers les pays d'accueil ouest africains où ils étaient employés dans des conditions inhumaines, l'État décida d'interdire l'émigration des

voltaïques en Côte d'Ivoire et au Gabon[57] où ils étaient plus nombreux, et en situation d'extrême précarité.

La deuxième génération (1970-1980) des accords bilatéraux franco-voltaïques (qui correspond aussi à la deuxième génération des accords entre la France et les pays francophones Ouest-africains) a mis fin au régime particulier accordé par la France aux ressortissants Africains. Du reste, la loi Bonnet du 10 janvier 1980 relative à la prévention de l'immigration clandestine rendait plus strictes les conditions d'entrée sur le territoire, fait de l'entrée ou du séjour irréguliers un motif d'expulsion au même titre que la menace pour l'ordre public, et prévoit la reconduite de l'étranger expulsé à la frontière et sa détention dans un établissement s'il n'est pas en mesure de quitter immédiatement le territoire.

Si la France avait entamé la fermeture de ses frontières sans consulter les autorités africaines, les migrants Africains quant à eux, avaient déjà anticipé en mettant en place des stratégies de contournement des obstacles administratifs. Les travaux du

---

voltaïques. L'article 1 de l'ordonnance n°81-8/PRES/CMRPN du 11 mars 1981 portant suspension de l'émigration disposait en effet que : « en attendant la mise au point de structures, accords et conventions devant permettre l'amélioration des conditions d'emploi, de séjour et de vie des ressortissants voltaïques à l'étranger, l'émigration aux fins d'emploi à l'étranger est suspendue jusqu'à nouvel ordre ». L'ordonnance précise que toute sortie des Voltaïques hors des frontières nationales est désormais soumise à la présentation d'un laissez-passer délivré par les préfets et sous-préfets de leurs juridictions respectives. Ces mesures contraires au droit international, aux droits de l'homme (art.13 : le droit de "quitter tout pays, y compris le sien, et de revenir dans son pays) n'ont cependant pas pu arrêter les migrations devenues au contraire clandestines.

[57]La Haute-Volta a signé le 13 août 1973 un accord de main-d'œuvre avec le Gabon qui fut dénoncé suite au non respect des clauses contractuelles par le Gabon.

chercheur Malien Ousmane Sidibé montrent que les familles *soninké* avaient mis en place dès les années 1970, un véritable système appelé « noria[58] », qui assurait systématiquement le remplacement des anciens migrants par de jeunes migrants maliens sur le territoire français.

---

[58]Ousmane SIDIBE, Les migrations facteur de progrès ? Le cas des migrations maliennes en France » In Isabelle DAUGAREILH et Francis VENNAT, *Migrations internationales et marché du travail*, Lyon, Chronique Sociale, 2004, 208p.

Chapitre 5. L'alignement des autorités burkinabè[59] à la fermeture des frontières françaises

Les années 1990 marquent la conclusion de la troisième génération des accords franco-burkinabè. En France, elle intervient dans un contexte de crise économique durable et de chômage massif (plus de 10%), la montée du racisme et de la xénophobie contre les étrangers. Conformément à l'esprit et à la lettre de la Convention d'application des accords de Schengen du 19 juin 1990, l'objectif pour la France dans la négociation d'un nouvel accord était de fermer ses frontières. Le dogme européen de la fermeture des frontières présentait dès le départ au moins deux risques majeurs, la fixation durable des migrants dans les États d'accueil dont la France, le développement de l'immigration clandestine.

À l'instar d'autres pays Ouest-africains, le Burkina Faso était lourdement frappé dans les années 1990 par les effets pervers du Plan d'Ajustement Structurel (PAS) imposé par la Banque Mondiale, le chômage, la paupérisation accrue des individus, le dérèglement climatique, la mauvaise gouvernance politique et économique. Cette période est aussi caractérisée par des crises économiques et politiques, la

[59]Sous la présidence du capitaine Thomas Sankara arrivé par un coup d'État le 4 août 1983, le 4 août 1984, la Haute-Volta change de nom pour devenir Burkina Faso, qui signifie « la patrie des hommes intègres ».

montée des actes de xénophobie contre les Burkinabè en Côte d'Ivoire[60].

Dans ces conditions, émigrer vers les États occidentaux (particulièrement en France) s'est imposé à tort ou à raison dans les consciences individuelles et collectives africaines, comme un des endroits les plus sûrs. Pour autant, les migrations intra-africaines demeuraient plus importantes du fait des facilités administratives et des proximités géographiques.

La Convention entre le gouvernement de la République française et le gouvernement[61] de la République du Burkina Faso relative à la circulation et au séjour des personnes a été signée à Ouagadougou le 14 septembre 1992. À l'instar des autres accords, c'est le même texte (forme et fond, 5 pages, 15 articles) que la France a fait signer sans opposition à tous les pays francophones de l'Afrique de l'ouest. Au Burkina Faso, le texte a été conclu sous la présidence de Blaise Compaoré (IIIe République). Ce texte marque la fin des privilèges accordés préalablement aux ressortissants Burkinabè (I) et un alignement de ces derniers sur le droit commun (II).

I. La fin des privilèges accordés aux ressortissants Burkinabè

La convention franco-burkinabè de 1992 impose dès son premier article un visa d'entrée aux ressortissants burkinabè souhaitant séjourner en France : « les ressortissants français désireux de se rendre sur le territoire burkinabè et les

---

[60]Augustin LOADA, « L'émigration burkinabè face à la crise de « l'ivoirité » », Outre-Terre, 2006, n°17, p. 343-356.
[61]JORF n°14 du 17 janvier 1995

ressortissants burkinabè désireux de se rendre sur le territoire français doivent être en possession d'un passeport en cours de validité revêtu du visa requis par la législation de l'État d'accueil ainsi que des certificats internationaux de vaccination exigés par cet État». Cette stipulation change radicalement les conditions d'entrée des Burkinabè en France : ces derniers doivent présenter en plus les documents justifiant de l'objet et des conditions du séjour envisagé et disposer de moyens suffisants, tant pour leur subsistance pendant la durée du séjour envisagé que pour garantir leur retour.

Le droit d'entrée sur le territoire français est profondément différencié, accordé prioritairement à un certain nombre de Burkinabè : les diplomates et les membres de leur famille, les parlementaires, les fonctionnaires, les membres d'équipage. Ainsi, le nouvel accord fait un tri entre les Burkinabè.

D'un côté, l'élite burkinabè, c'est-à-dire la petite bourgeoisie burkinabé, peut continuer à circuler librement, du moins sans réelle contrainte administrative. Il s'agit en réalité d'individus qui sont faiblement tentés de rester en France. De l'autre, le petit peuple (les sans-voix, les pauvres), plus nombreux assigné à résidence au Faso. Ces Burkinabè doivent fournir d'innombrables documents administratifs sans pourtant avoir la garantie d'obtenir un visa d'entrée. Il est exigé au demandeur de visa français, le paiement de 80 euros (alors que le SMIG au Burkina Faso est fixé à u peu moins de 80 euros), une somme non restituée même en cas de refus de visa. En cas de refus, le demandeur doit saisir le tribunal administratif français situé à Nantes afin de connaître les motifs du refus.

Au fond, l'accord franco-burkinabè de 1992 limitait sur le papier les migrations légales en encourageant implicitement du fait des contraintes administratives lourdes et les multiples refus de visa, les migrations illégales vers la France. L'accès au marché du travail (art.5) français est aussi rendu complexe pour les Burkinabè. Désormais, ils doivent présenter un certificat de contrôle médical, un contrat de travail visé par le ministère français du travail. Autant de mesures qui confortent la thèse de la fin des privilèges.

II. L'alignement des Burkinabè sur le droit commun français

Le choix de la France d'accueillir les types de migrants qu'elle souhaite est acté dans l'accord de 1992. Pour preuve, la migration des étudiants Burkinabè est encouragée. L'article 9 stipule en effet que : « les ressortissants de chacun des États contractants désireux de faire des stages de formation ou des études supérieures sur le territoire de l'autre État doivent, outre le visa de long séjour, justifier d'une attestation d'inscription ou de préinscription de l'établissement d'accueil ainsi que de moyens d'existence suffisants ». En réalité cette clause permettait à la France d'entamer le remplacement de son corpus migratoire en accordant une primauté aux migrants jeunes, instruits et en bonne santé. Les autorités burkinabè (qui avaient et qui ont le plus besoin de personnes qualifiées) ont été moins prudentes car de nombreux étudiants de cette génération vont s'installer définitivement en France à la fin de leurs études.

À la question pourquoi vous n'êtes pas rentré au pays à la fin de vos études, ce Burkinabè, docteur en droit, sous-employé dans une institution commerciale française dans la région Nouvelle Aquitaine explique : « ...je suis arrivé en France en 1997 (...) je suis resté à cause de ma situation familiale et les doutes sur les perspectives d'emploi au Burkina Faso ». Il convient d'admettre qu'à partir des années 1990 de nombreux jeunes étudiants burkinabè sont venus en France sans bourse gouvernementale, ils vivent de « petits boulots » (agent de sécurité, nettoyage, restauration) qui légitiment[62] paradoxalement plus que leurs diplômes, leur intégration, leur acceptation dans la société française.

À ce sujet, Sayad montre avec pertinence comment en France, « le travail est la raison (ou l'alibi) d'être de l'immigré, il rend compte de sa présence qui, à défaut de ce motif, confinerait à l'absurdité au regard de la raison nationale, de la raison de l'État national[63]... ».

L'accord franco-burkinabè de 1992 ouvrait le droit au ressortissant burkinabè d'obtenir une carte de résident de dix ans (art.11) après trois ans de présence en France : « après trois années de résidence régulière et non interrompue, les ressortissants de chacun des États contractants établis sur le territoire de l'autre État peuvent obtenir un titre de séjour de dix ans... ». À tort, les autorités burkinabè n'avaient pas jugé opportun d'entreprendre une large campagne d'information de leurs ressortissants sur l'accord conclu, ce qui aurait permis de sécuriser les migrants. En conséquence, de nombreux ressortissants burkinabè ont continué de faire des demandes de renouvellement de titres de séjours précaires alors qu'ils pouvaient prétendre de droit, à une carte de résident.

L'accord de 1992 « abroge et remplace la Convention franco-burkinabé du 30 mai 1970 sur la circulation des personnes » (art.15). L'examen des échanges de lettre entre les parties montre que les autorités burkinabè n'ont exigé aucune contrepartie. Sur un sujet aussi important, il eut un seul échange de lettre lors des négociations. L'ambassadeur de France au Burkina Faso Alain Deschamps par lettre en date du 14 septembre 1992 précisait au Ministre des affaires étrangère

---

[62]Abdelmalek SAYAD, *L'immigration ou les paradoxes de l'altérité. L'illusion du* provisoire, Paris, édition raisons d'agir, 2006, 215p.
[63] Ibid, p.164.

burkinabè ce qui suit : « Monsieur le Ministre, au cours des négociations qui ont abouti ce jour à la signature de la Convention franco-burkinabé relative à la circulation et au séjour des personnes, il a paru utile de préciser, au sujet de l'article 2 concernant le court séjour, le sens de l'expression « moyens suffisants... pour assurer la subsistance pendant le séjour ». J'ai l'honneur de vous indiquer que l'élément de référence utilisé par la Partie française pour apprécier le niveau de ressources suffisantes du demandeur de visa est l'équivalent du salaire minimum interprofessionnel de croissance (SMIC) pour la période de séjour de l'intéressé. Il est tenu compte cependant, dans le cas des visites familiales ou privées, des avantages matériels dont peut bénéficier l'intéressé dans le cadre de la procédure du certificat d'hébergement… ». En réponse, le ministre burkinabè Thomas Sanon écrit le même jour : « … j'ai l'honneur de vous communiquer l'accord de mon Gouvernement par la présente, accord qui entrera en vigueur à la même date que la Convention ».

Les accords franco-burkinabè de troisième génération (1990-2000) marquent aussi la fin des privilèges aux ressortissants burkinabé et un alignement de ces derniers (il en est de même pour les ressortissants des autres États africains francophones) sur le droit commun français. Cependant, au moment où les accords franco-burkinabé rognaient petit à petit les droits des ressortissants burkinabè en France, la diaspora burkinabè s'organisait dans les différentes régions françaises en mettant en place de structures associatives. À l'image d'un contre-pouvoir, elle envisageait s'opposer en cas de besoin, aux accords bilatéraux qui mépriseraient leurs droits et précariseraient davantage les conditions de vie des burkinabè en France.

Malgré cet élan de mobilisation contre les accords précarisant la situation des Burkinabè de France, ces derniers seront surpris par la conclusion d'un texte plus liberticide. Il s'agit de l'accord franco-burkinabé du 10 janvier 2009 (en vigueur) signé à Ouagadougou et portant sur la gestion concertée des flux migratoires et le développement solidaire. De nouvelles restrictions précisées dans cet accord vont impacter plus significativement les rapports déjà conflictuels entre la diaspora burkinabè et les autorités burkinabè.

.

Partie 2. Les conditions d'une émancipation de l'État burkinabè sur la question migratoire

Au Burkina Faso, la mauvaise gouvernance économique et sociale a provoqué une intervention généralisée de la société civile dans tous les domaines. Les associations, les syndicats, les ONG...exigent plus que jamais une émancipation[64] des autorités burkinabé vis-à-vis de la France sur la question migratoire. Quatre chapitres sont traités dans cette partie, l'intervention de la diaspora burkinabé de France sur la question migratoire (1), l'illusion d'une contrepartie financière des autorités burkinabé lors des négociations (2), l'opposition de la diaspora burkinabé suite à la conclusion de l'accord franco-burkinabé (3), la question de l'émancipation de l'État burkinabé (4).

[64]L'émancipation vient du latin *emancipatio, -onis*, action de s'affranchir d'un lien, d'une entrave, d'un état de dépendance, d'une domination, d'un préjugé. Dans un autre domaine, elle est « l'acte par lequel le mineur affranchi de l'autorité parentale[64]... ». On peut interroger ici la capacité ou non des États africains colonisés de s'affranchir des ordres et injonctions des États colonisateurs.

Chapitre 1. L'intervention de la diaspora burkinabè de France sur la question migratoire

Le nombre de plus en plus important de Burkinabè en France (I) corrélé à la précarité de leurs conditions de vie explique en partie la structuration associative (II) de la diaspora en vue de la défense des droits burkinabé vivant en France.

I. L'impossible calcul des Burkinabè en France ?

Selon l'ambassade du Burkina Faso en France, 9.573 Burkinabè[65] sont présents sur le territoire français. Ce chiffre est inexact pour plusieurs raisons. D'une part, il ne prend en compte que les Burkinabè immatriculés à l'ambassade, c'est-à-dire ceux qui ont effectué une demande de carte consulaire. D'autre part, le fichier consulaire compte toujours de nombreux Burkinabè qui sont retournés au pays. Parmi les milliers de Burkinabè non pris en compte dans le fichier consulaire, figure par exemple cet enquêté qui vit dans la région parisienne depuis une vingtaine d'années, expert en informatique, responsable associatif burkinabè, il précise : « par choix, j'ai décidé de ne pas formuler une demande de carte consulaire, je ne suis donc pas connu des fichiers de l'ambassade alors que je suis Burkinabè, d'ailleurs, l'un des

---

[65]Ces chiffres ont été donnés par le Consulat du Burkina en France, juin 2020.

anciens (…) je pense qu'il faut revoir le système de recensement des Burkinabè en France ».

Ce chiffre occulte aussi les Burkinabè en situation irrégulière qui sont pourtant de plus en plus nombreux. L'enquête que nous avons menée auprès des associations et des délégués-CSBE fait ressortir la présence d'au moins 252 Burkinabè en situation irrégulière sur le territoire français. Il faut cependant admettre qu'il est très difficile voire impossible de les quantifier avec précision. Une catégorie particulière de migrants beaucoup plus proche du milieu associatif pour des raisons évidentes de confiance. Le tableau ci-dessous réalisé à partir de nos enquêtes terrain donne quelques statistiques sur le nombre de Burkinabè en France.

Tableau. Estimation de la diaspora Burkinabè en France

Estimations du nombre de Burkinabè en France			
Régions de France	Estimations des associations/Délégués-CSBE		Chiffres officiels de l'Ambassade du Burkina Faso en France
Région 1. Ile-de-France & DOM-TOM	En situation régulière Environ 4.500[66]	En Situation irrégulière Au moins 145	Aucun chiffre officiel disponible
Région 2. Bretagne & Pays de la Loire & Centre Val de Loire	En situation régulière Environ 500	situation irrégulière au moins 1	Aucun chiffre officiel disponible
Région3.Normandie & Nord-Pas-de Calais/Picardie	En situation régulière Environ 500	En situation irrégulière au moins 1	Aucun chiffre officiel disponible
Région4.Alsace/Champagne-Ardenne/Lorraine & Bourgogne/ Franche-Comté	En situation régulière Environ 500	En situation irrégulière au moins 1	Aucun chiffre officiel disponible
Région5.Aquitaine/Limousin/Poitou-Charentes & Languedoc-Roussillon/Midi-Pyrénées	En situation régulière Environ 600	En situation irrégulière Au moins 4	Aucun chiffre officiel disponible
Région6.Auvergne/Rhône-Alpes&Provence-Alpes-Côte d'Azur & Corse & Monaco	En situation régulière Environ 1000	En situation irrégulière Au moins 100	Aucun chiffre officiel disponible
Total	7600	252	9.573 (sur la base du fichier consulaire)

Le caractère très approximatif des chiffres récoltés aussi bien auprès des associations que des autorités administratives burkinabé en France fonde la nécessité absolue de constituer une base de données fiables. Un travail de recensement indispensable qui pourrait se faire à travers une réelle

[66]Il existe une discussion intéressante sur le nombre même approximatif des Burkinabè en Îles de France. Certains estiment à moins de 3000 personnes le nombre de Burkinabè qui y résident.

implication des associations de la diaspora de plus en plus structurées.

II. La structuration associative de la diaspora burkinabè de France

Les Burkinabè participent très activement à la densification du corpus associatif français. Dans toutes les grandes villes françaises, les communautés burkinabè ont mis en place des structures faitières. Dans la seule région parisienne où l'on rencontre le plus grand nombre de Burkinabè (environ 4500), il existe plus d'une trentaine d'associations. Nous nous intéressons à celles qui influencent directement ou indirectement l'encadrement bilatéral des migrations franco-burkinabè. L'Association des Étudiants Voltaïques de France (AEVF) créée à Paris en 1950 fut la première association burkinabè en France, régie par la loi 1901 relative à la liberté d'association. Déjà à cette époque, les étudiants Voltaïques se plaignaient de leurs conditions de vie en France marquées par des problèmes liés aux bourses et l'accès à des logements décents. Les responsables des associations étudiantes étaient régulièrement victimes de « menaces d'expulsion, arrestations, expulsions effectives »[67] de la part des autorités burkinabè. Pour preuve, en 1976, deux étudiants Voltaïques militants de l'AEVF »[68] furent expulsés du territoire français sur décisions des autorités burkinabè. Depuis lors, les conditions de vie et d'études des étudiants burkinabè en France se sont bien dégradées. Les rares et maigres bourses gouvernementales sont le plus souvent attribuées sur la base de critères arbitraires, loin du principe méritocratique.

---

[67]Fédération des Etudiants d'Afrique Noire en France, *L'étudiant d'Afrique noire*, n°76, 1977, p.5.

[68] Ibid.

L'Association des Travailleurs Burkinabè (ATBP) créée à Paris le 5 mars 1982, est la première association de travailleurs burkinabè en France. Au nombre des associations actives sur le sujet, figurent aussi le Mouvement Burkinabè des droits de l'Homme et des Peuples-comité France dont le but est aussi la défense des droits des Burkinabè. Le Collectif burkinabè des sans-papiers crée en 2009 au lendemain de la conclusion de l'accord franco-burkinabè quant à lui, œuvre à la régularisation des Burkinabè en situation irrégulière sur le territoire français.

Dans les autres régions, ont été instituées l'Association des Travailleurs Burkinabè en Provence Alpes/Côtes d'Azur (Marseille), l'Association des Travailleurs Burkinabè en Aquitaine (ATBA) devenue LABA (l'Association des Burkinabè en Aquitaine) à Bordeaux, l'Association des Burkinabè de Lyon (ABL), l'Association des Burkinabè du Nord (ABN-Lille), l'Union des Burkinabè du Grand-Ouest de France (UBGOF) à Rennes.

Comme son nom l'indique, l'Union des Associations de Burkinabè en France (UABF) créée en 2004 regroupe toutes les associations burkinabè de France. L'U.A.B.F entend « contribuer au développement du Burkina Faso en menant des campagnes d'information, de sensibilisation et de formation au profit des Burkinabè. ». Elle entreprend aussi des actions visant la défense des droits des Burkinabè, son secrétaire général précise : « nous travaillons avec l'association burkinabè des sans-papiers (...) en ce qui concerne l'accord franco-burkinabè de 2009, nous avons adressé à l'époque une lettre au conseiller diplomatique (en 2009, le Burkina Faso n'avait pas encore d'ambassadeur à Paris) dans laquelle nous avons notifié notre désaccord ».

Une remarque importante, les différentes associations burkinabè en France sont dirigées par des anciens étudiants issus des universités françaises. Hautement qualifiés, ils surveillent et informent leurs compatriotes sur plusieurs enjeux dont l'importance des accords bilatéraux. Les responsables de ces associations interviennent aussi dans la gestion quotidienne des problèmes socio-économiques (mariages, décès, rapatriement des corps au Faso, aides à la recherche d'emploi, aides à la régularisation des séjours,…) de leurs compatriotes. En d'autres termes, ils sont plus imprégnés de même que les délégués-CSBE des problématiques des Burkinabè en France. Pour autant sont-ils associés aux prises de décisions politiques, économiques et juridiques les concernant ?

Aucune de ces structures associatives de la diaspora ne fut consultée ou invitée par l'État burkinabé en vue de participer aux négociations bilatérales qui aboutiront à la conclusion de l'accord franco-burkinabè de 2009 en vigueur. Les propos de ce haut responsable à l'ambassade du Burkina, chef de délégation du comité interministériel de négociation de l'accord, nous éclaire sur les raisons de cette exclusion par les autorités burkinabè : « souvent, il n'est pas nécessaire d'inviter des gens qui s'opposent à tous, combien de Burkinabè comprennent l'enjeu d'un accord bilatéral…le Burkina est un pays souverain et nous défendons les intérêts des burkinabé… ». L'objectif était d'éviter toute forme d'opposition à l'avant-projet d'accord bilatéral. Cette conception restrictive du dialogue social présentait le risque de produire des réponses favorables à la France, mais loin des réalités socio-économiques et juridiques que vivent les burkinabè en France.

III. La mise à l'écart des associations de la diaspora lors des négociations de l'accord franco-burkinabè de 2009

Sur recommandation de l'Union européenne, la France (sous la présidence de Nicolas Sarkozy) a transmis le 15 septembre 2008 aux autorités burkinabè, un avant-projet d'accord de onze (11) pages portant sur la gestion concertée des flux migratoires. Une rencontre de travail entre les deux parties a lieu à Ouagadougou les 14 et 15 octobre 2008.

En France, une certaine précaution est prise lors de la rédaction des textes internationaux. De nombreuses études dont celles de Noiriel[69], Slama[70] et de Laurens[71] montrent comment les politiques d'immigration sont minutieusement pensées, écrites et contrôlées par des hauts fonctionnaires recrutés très souvent sur des bases nationales[72]. Ces énarques estimés à au moins 7000[73] sous la Vème République française participent activement à la rédaction des accords bilatéraux.

Du côté français, l'accord bilatéral avait pour but de modifier de façon structurelle l'immigration en France, remplacer l'immigration familiale par l'immigration professionnelle en privilégiant ainsi une immigration choisie, temporaire ou circulaire, en tenant compte des besoins du marché du travail. L'objectif était aussi de fermer les frontières extérieures de l'Union européenne, de sélectionner les

---

[69] Gérard NOIRIEL, *État, nation et immigration. Vers une histoire du pouvoir*, Paris, Belin, 2001, 399p.

[70] Serges SLAMA, Le privilège du national, étude de la condition civique des étrangers en France, Thèse pour le doctorat de Droit Public, Université de Nanterre, 2003, 715p.

[71] Sylvain LAURENS, « L'immigration : une affaire d'Etats. Conversion des regards sur les migrations algériennes (1961-1973) », Cultures & Conflits, 2008, n° 69, p. 33-53.

[72] Serges SLAMA, op.cit.

[73] Sylvain LAURENS, op.cit.

migrants, d'expulser les migrants en situation irrégulière, d'impliquer les pays du Sud à la surveillance des frontières extérieures françaises. Le caractère pernicieux de ce type d'accord est démontré par Imbert en ces termes : « la coopération sans le(s) droit (s)[74] ».

Du côté burkinabè, les accords avec les États tiers ont un caractère « secret », négociés principalement par les seuls diplomates du ministère des Affaires étrangères. En vue des négociations avec la partie française. En effet, les autorités burkinabè avaient mis en place un comité interministériel de vingt (22) personnes, dirigé (à l'époque) par le secrétaire général du ministère des Affaires étrangères. Ce comité était composé essentiellement de fonctionnaires représentant les ministères publics[75]. Il s'agissait donc d'un comité « sous contrôle », plus enclin à répondre favorablement aux injonctions gouvernementales.

Ainsi, les autorités burkinabè ont exclu délibérément les associations locales et celles de la diaspora, les ONG, les syndicats, les juristes, les enseignants-chercheurs qui interviennent sur la problématique migratoire. Elles ont aussi et surtout exclu la diaspora burkinabè de France, pourtant directement concernée par l'accord.

---

[74] Louis IMBERT, « La coopération sans le(s) droit(s) : le foisonnement des accords « injusticiables » avec les pays tiers », Plein droit, 2017, n° 114, p. 45-48

[75] Il s'agissait des représentants des départements ministériels ci-après : ministère des Affaires étrangères, ministère des enseignements secondaire, supérieur et de la recherche scientifique, ministère du travail et de la sécurité sociale, Conseil supérieur des Burkinabè de l'étranger/ministère des Affaires étrangères, ministère des droits humains, ministère de la justice, ministère de la sécurité, ministère de la jeunesse et de l'emploi, ministère de l'administration territoriale et de la décentralisation. A aussi participé Monsieur K L-D, doctorant en droit public stagiaire au ministère des affaires étrangères.

La présence de représentants de la diaspora dans le comité interministériel, c'est-à-dire ceux qui sont visés directement par l'accord, présentait l'avantage de mieux saisir les problèmes auxquels ils sont exposés et d'entrevoir des préconisations importantes (sociales, économiques, juridiques) dans l'intérêt supérieur des Burkinabè vivant en France. À titre illustratif, lors des discussions, le représentant du ministère de l'action sociale et de la famille suggérait : « si la France insiste sur son droit d'expulser un migrant burkinabè en situation irrégulière, elle doit alors assurer tous les coûts, prendre en charge les frais de son voyage, le former dans un secteur d'activité, prévoir le financement de son activité (…) j'ai trouvé la proposition pertinente mais on nous a dit qu'il ne fallait pas exagérer dans nos propositions… ». Cette proposition a été jugée inopportune et excessive. Ainsi, de sa composition à son fonctionnement, le comité interministériel fut un moyen pour légitimer la posture gouvernementale, signer l'accord « clé-en-main » proposé par la partie française en espérant une aide financière conséquente de la France.

Les autorités burkinabè ont vanté les bienfaits de l'accord au peuple burkinabé après l'avoir signé. Pour preuve, le secrétaire général du ministère des Affaires étrangères affirmait le 1er février 2009 (un mois après la signature de l'accord) que : « si le Burkina Faso a signé cet accord, c'est parce qu'il estime préférable d'avoir un cadre juridique clarifiant les obligations de chaque partie plutôt que de laisser chacun agir comme bon lui semble. (…) il permettra de mieux coordonner les efforts pour une meilleure gestion des flux migratoires (…) loin de brader les intérêts des Burkinabè résidant en France ou désireux de s'y rendre, permet de les préserver et les conforter[76] ». Pour les autorités burkinabè, l'accord serait aussi bénéfique puisqu'il prévoit un financement de plusieurs projets de développement au Burkina

---

[76] Lefaso.net, op.cit., 2009.

Faso. Le risque ici était que les migrants soient sacrifiés sur l'autel du développement en contrepartie de promesses d'aide au développement.

Cette hypothèse est d'autant plus plausible puisque les autorités burkinabè étaient bien informées avant les négociations, du refus des autorités maliennes de signer l'accord proposé par la France. Ce pays craignait d'offrir à la France un droit d'expulser ses ressortissants en situation irrégulière. Pour la France, arriver à insérer une clause visant les ressortissants d'États tiers dans l'accord franco-burkinabé permettait implicitement de contourner le refus malien. À la question pourquoi le Burkina Faso n'a pas suivi la voie du Mali ? le principal négociateur burkinabé de l'accord précise : « le Mali, c'est le Mali, le Burkina c'est le Burkina, nous n'avons pas les mêmes intérêts, le Burkina Faso est un pays souverain et défend ses propres intérêts ». Parmi ces intérêts, figurait en bonne place l'aide au développement que la France laissait miroiter aux autorités politiques burkinabè.

Chapitre 2. L'illusion d'une contrepartie financière lors des négociations franco-burkinabè

Lors des premières négociations à Ouagadougou les 14 et 15 octobre 2008, la délégation burkinabè avait soulevé un certain nombre de préoccupations. L'examen du rapport de la réunion montre que les autorités burkinabè ont d'abord demandé à la partie française de clarifier les notions de « co-développement » et « développement solidaire ».

Poser une telle question d'emblée, laisse penser que c'est le volet « développement » qui intéressait particulièrement le gouvernement burkinabè. Le même rapport mentionne qu'en réponse, le chef de la délégation française[77] Patrick Stéfanini précise : « le terme co-développement se limite à l'action des pouvoirs publics… alors que le concept de développement solidaire englobe le Co-développement mais permet également de financer des initiatives prises en faveur des zones

[77]La délégation française comprenait sept personnes (le secrétaire général du ministère de l'immigration, de l'intégration, de l'identité nationale et du développement solidaire, chef de mission ; l'adjoint au sous-directeur de l'éloignement et des contrôles, ministère de l'immigration de l'intégration, de l'identité nationale et du développement solidaire ; la chargée de mission du département des Affaires internationales et de la coopération, service des Affaires internationales et du développement solidaire ; le chargé de mission, département du développement solidaire, service des affaires internationales et du développement solidaire ; le représentant de l'ANAEM en résidence à Bamako ; l'Ambassadeur chargé des questions de migration, ministère des Affaires étrangères ; l'Ambassadeur de France au Burkina Faso.

d'émigration par des acteurs autres que les migrants ». Une réponse plus ambigüe que la question elle-même pourtant approuvée par la partie burkinabé en ces termes : « au vu de ses explications, la partie burkinabè donne son accord pour que ce terme soit retenu dans le projet en cours de discussion ». La partie burkinabè a ensuite demandé des facilitations de visa pour les porteurs de passeport diplomatique et de service. En ce qui concerne les inquiétudes relatives à la convention de 1992, la partie française s'est contentée d'indiquer que : « ...la convention de 1992 n'était nullement abrogée par le présent texte, mais qu'en cas de conflit entre deux dispositions des deux textes, le nouvel accord prévaudrait... ». Une affirmation incohérente qui aurait pu alerter les autorités burkinabé de défendre scrupuleusement le maintien des stipulations avantageuses de ladite convention.

Lors de la seconde rencontre de travail qui a lieu les 20 et 21 novembre 2008 à Paris, la France a renforcé sa délégation[78] alors que le Burkina Faso a au contraire, réduit (paradoxalement) sa délégation à seulement quatre personnes[79]. Si on pouvait penser le contraire, même en terre française, les associations représentant les Burkinabè vivant en France ainsi que les délégués-CSBE n'ont pas été consultés encore moins associés à cette ultime rencontre. Pour une affaire qui la concerne au premier chef, la diaspora burkinabé dans toutes ses composantes a été ignorée. Pour ce responsable associatif burkinabè à Paris, les autorités burkinabè se sont

[78]Y participent en plus de ceux présents lors de la première rencontre, les représentants de l'Agence nationale de l'accueil des étrangers et des migrations (ANAEM), du ministère de la justice, et ceux des ministères des affaires étrangères et de l'intérieur.

[79]Le Secrétaire général du ministère des Affaires étrangères (chef de la délégation), le Directeur des relations bilatérales du ministère des affaires étrangère et de la coopération régionale, le Ministre Conseiller près de l'ambassade du Burkina Faso en France, d'un représentant du secrétariat permanent du Conseil supérieur des Burkinabé de l'extérieur/MAER

laissées « miroiter par l'aide au développement...c'est tout simplement une histoire de sous, de financement de projets de développement... ».

En effet, l'examen du rapport de réunion permet d'affirmer que lors des négociations de Paris, la délégation burkinabé avait insisté sans succès auprès de la France, une augmentation de l'aide financière consacrée au développement. Sa timide doléance de voir régulariser tous les Burkinabè en situation irrégulière a aussi été rejetée par le chef de la délégation française en ces termes : « une régularisation générale n'est pas envisageable dans le cadre strict de l'accord... ». Autant de refus qui n'ont suscité aucune réaction chez les négociateurs burkinabè comme si le sort de l'accord était déjà scellé depuis le jour de sa proposition par la partie française.

À l'issue de la rencontre de Paris, le projet de loi fut présenté en Conseil de ministre au Burkina Faso. Il fut adopté à l'unanimité par le gouvernement de la IVème République présidé par Blaise Compaoré. Une analyse des hommes et des femmes qui composaient ce gouvernement semble pertinente. Il était composé de 34 ministres, 12 ayant soutenu une thèse de doctorat (droit, gestion, lettres, communication, philosophie, ...) dans des universités françaises, les autres ayant au moins un niveau Master 2. Parmi ces ministres, deux enseignaient le droit à la faculté de droit et de sciences politiques de l'université de Ouagadougou. Il faut donc comprendre qu'au moment de signer l'accord, l'État burkinabé disposait d'une élite nationale bien formée et imprégnée des enjeux de l'accord mais aussi des subtilités du droit international, de l'économie, de la sociologie et des relations diplomatiques.

De ce fait, l'obsession de l'aide au développement semble avoir pris le pas sur toutes autres considérations, refuser de signer l'accord par exemple ou exiger des autorités françaises un texte qui protège efficacement la circulation, le séjour et l'installation des Burkinabè sur le territoire français. Le programme du ministre français de l'immigration conforte l'hypothèse selon laquelle la signature de l'accord par les autorités burkinabé était perçue dès le départ comme une simple formalité administrative et diplomatique par les autorités françaises.

PROGRAMME DE SEJOUR A OUAGADOUGOU DE MONSIEUR BRICE HORTEFEUX, MINISTRE FRANÇAIS DE L'IMMIGRATION, DE L'INTEGRATION, DE L'IDENTITE NATIONALE ET DU DEVELOPPEMENT SOLIDAIRE ET DE LA DELEGATION TECHNIQUE

****

OUAGADOUGOU, 08-10 JANVIER 2009

Jeudi 08 janvier 2009

19H10 : Arrivée de Monsieur Patrick STEFANINI, Chef de la délégation technique, par Vol Air Sénégal en provenance de Bamako.
Accueil et installation à l'Hôtel par l'Ambassade de France.

Vendredi 09 janvier 2009

10H00 – 12H30 : Séance de travail au Salon des Ambassadeurs du Ministère des Affaires Etrangères et de la Coopération Régionale.

13H00 : Déjeuner libre

15H00 : Reprise de la séance de travail.

17H30 : Arrivée de Monsieur Brice HORTEFEUX, Ministre de l'Immigration, de l'Intégration, de l'Identité Nationale et du développement Solidaire, par Vol Spécial en provenance de Cotonou.
Accueil et installation à l'Hôtel.

18H00 : Audience avec Son Excellence Monsieur le Président du Faso, Président du Conseil des Ministres.

Samedi 10 janvier 2009
MATIN

09H30 : Audience avec Son Excellence Madame Minata SAMATE, Ministre Délégué Chargé de la Coopération Régionale.

10H00 : Signature de l'Accord de Coopération relatif à la gestion concertée des flux migratoires et au développement solidaire.
Conférence de presse

13H00 : Déjeuner libre.

APRES-MIDI : Départ de Monsieur HORTEFEUX à destination de Bamako par Vol Spécial.
Fin de la visite.

L'accord franco-burkinabè relatif à la gestion concertée des flux migratoires et au développement solidaire est signé à Ouagadougou le 10 janvier 2009 par Brice Hortéfeux, ministre français de l'intérieur et Samaté Cessouma Minata, ministre burkinabé déléguée auprès du ministre d'État, ministre des Affaires étrangères et de la coopération régionale, chargée de la coopération régionale.

L'échange de « bons procédés » entre les deux signataires quelques secondes après la conclusion de l'accord permet de saisir l'ampleur du simulacre. Le journal local lefaso.net qui a participé à la cérémonie rapporte les mots utilisés par les deux signataires : « Vous êtes très élégante, c'est l'une des phrases sorties par le ministre Brice Hortefeux, à l'adresse de Minata Cessouma Samaté. Cela me fait très plaisir de vous retrouvez ... ». Le journaliste déclare que pendant au moins 5 minutes d'horloge, l'on a assisté à ce qui aurait sans doute fait rougir Madame le ministre si elle avait été de couleur blanche. À son tour de parler, elle n'a pas manqué de renvoyer « la politesse » à Monsieur Hortefeux : « vous êtes une personne remarquable, je vous apprécie beaucoup. C'est dommage que vous partiez ce soir ; nous aurions aimé vous garder plus longtemps, et encore et encore ». Pour le journaliste burkinabè, « l'on dirait même à écouter Brice Hortefeux que les relations entre la France et le Burkina Faso sont une vraie idylle. En effet, le ministre français a tenu à ajouter que « le président du Faso, Blaise Compaoré et Nicolas Sarkozy, entretiennent des relations amicales ; Sarkozy cherche toujours à rencontrer Blaise Compaoré à chaque fois qu'il sait que Blaise Compaoré n'est pas loin. C'est donc une véritable diplomatie qui a été mise en branle pour faire passer cet accord comme une lettre à la poste[80] ».

Ainsi, la diplomatie migratoire franco-burkinabé fut une diplomatie de camaraderie, d'entente entre chefs d'État. En conséquence, le sort des Burkinabè en France ainsi que celui de nombreux migrants fut réglé avec une extrême légèreté, aux antipodes de l'enjeu qu'il représentait pour la diaspora burkinabè. Il faut rappeler que sous le long règne de Blaise Compaoré (15 octobre 1987-31 octobre 2014 soit 27 ans au pouvoir), le Burkina Faso a été un très bon « élève » de la France-Afrique, ne s'opposant officiellement à aucune injonction de la partie française.

Sur la matière étudiée, on retient qu'en moins de quatre mois, les autorités burkinabè ont signé dans la précipitation un accord qui restreint considérablement les droits de leurs propres ressortissants en France. Ce qui pourrait expliquer le changement de comportement, voire le désaccord de la diaspora.

---

[80]Lefaso.net, « Accord entre le Burkina et la France : Pour une politique d'immigration au service du développement », janvier 2009. Accessible sur : https://lefaso.net/spip.php?article30421

Chapitre 3. L'opposition de la diaspora burkinabè suite à la conclusion de l'accord franco-burkinabè

L'approche non inclusive et certaines clauses de l'accord franco-burkinabè (I) ont constitué l'opposition de la diaspora burkinabé (II).

I. Les engagements juridiques problématiques de l'État burkinabè

L'accord franco-burkinabé de 2009 consacre le droit de circuler à une minorité de Burkinabé (A), le droit à la France d'expulser des Burkinabé (B) et des ressortissants d'États tiers (C).

A. Le droit de circuler accordé à une minorité de burkinabè

Certaines clauses de l'accord franco-burkinabé de 2009 laissent penser à tort à des contreparties importantes cédées à la partie burkinabè. Par exemple, l'article premier stipule que les deux États contractants s'engagent « … à faciliter la délivrance, aux ressortissants de l'autre Partie appartenant à l'une des catégories ci-dessous, d'un visa de court séjour à entrées multiples, dit visa de circulation, permettant des séjours ne pouvant excéder trois mois par semestre et valable de un à cinq ans, en tenant compte de la durée des activités prévues sur le territoire des États contractants et de celle de la validité du passeport : a) hommes d'affaires, commerçants, avocats, intellectuels, universitaires, scientifiques, artistes ou sportifs de haut niveau qui participent activement aux relations économiques, commerciales, professionnelles, universitaires, scientifiques, culturelles et sportives entre les deux pays ; b) personnes appelées à recevoir régulièrement des soins médicaux en France sous réserve de la présentation des garanties financières nécessaires.

Les personnes visées constituent en réalité une minorité de Burkinabè. La France s'engage (art.2) également à faciliter l'admission des étudiants burkinabè sur son territoire. Il est précisé qu' « une autorisation provisoire de séjour d'une durée de validité de six mois est délivrée au ressortissant burkinabè qui, ayant obtenu un diplôme au moins équivalent au master ou à la licence professionnelle dans un établissement d'enseignement supérieur français… ». L'étudiant burkinabé peut rester en France à condition d'exercer un emploi en lien avec sa formation et « assorti d'une rémunération au moins égale à une fois et demie la rémunération mensuelle minimale en vigueur en France ».

L'immigration pour motifs professionnels est aussi traitée. L'accord prévoit la délivrance par an de 150 titres de séjour portant la mention compétences et talents aux ressortissants burkinabè. Ce quota n'a pas été respecté puisque de 2009 à 2020, la France n'a délivré qu'un seul titre de séjour compétences et talents aux Burkinabè. De même, l'engagement de délivrer 500 titres de séjour « salarié » par an prévu aux ressortissants burkinabè est très loin d'être honoré par la partie française.

B. Le droit de la France d'expulser une catégorie de migrants burkinabè

Il convient d'abord de rappeler que l'accord de 2009 abroge la convention de 1992 qui accordait une carte de résident (10 ans) aux ressortissants burkinabè après trois ans de présence régulière et ininterrompue sur le territoire français. Cette clause très avantageuse disparaît totalement, les ressortissants burkinabè relevant désormais du droit commun sur ce point précis.

À titre de comparaison, le Sénégal, contrairement au Burkina Faso, a pu négocier avec la France le maintien de la clause de 1992 pour ses ressortissants. L'avenant de l'accord franco-sénégalais du 23 septembre 2006 à l'accord relatif à la gestion concertée des flux migratoires prévoit en effet que : « lorsque le travailleur (sénégalais) dispose d'un contrat à durée indéterminée, la carte de séjour portant la mention "salarié" devient, selon les modalités prévues par la législation française, une carte de résident d'une durée de dix ans renouvelable ».

L'accord franco-burkinabè autorise la réadmission des ressortissants burkinabè en situation irrégulière. L'article 10 stipule : « se trouve en situation irrégulière toute personne, dont il est établi ou présumé par la partie requérante, sur la base des documents énumérés dans l'annexe VI, qu'elle possède la nationalité de la Partie requise, et qu'elle ne remplit pas, ou ne remplit plus, les conditions d'entrée ou de séjour applicables sur le territoire de la Partie requérante.

Conformément au principe d'une responsabilité partagée en matière de lutte contre la migration irrégulière, la France et le Burkina Faso réadmettent, dans le respect de la dignité et des droits fondamentaux des personnes, leurs ressortissants en situation irrégulière sur le territoire de l'autre Partie. Dans le respect des procédures et des délais légaux et réglementaires en vigueur en France et au Burkina Faso, chaque partie délivre, à la demande de l'État requérant, les laissez-passer consulaires nécessaires à la réadmission de ses ressortissants en situation irrégulière. »

Nulle part dans le texte, il est envisagé une solution de régularisation les concernant. La possibilité envisagée en cas de présentation d'une promesse d'embauche d'un employeur relève plutôt du droit commun. S'il existe un droit des États à lutter contre l'immigration irrégulière[81] confortant en même temps leur souveraineté[82], les expulsions de migrants doivent s'effectuer dans le strict respect des droits fondamentaux. Ce qui n'est pas souvent le cas en France[83].

En tout état de cause, l'État sénégalais fait encore mieux que le Burkina Faso en ouvrant une possibilité de régularisation pour ses ressortissants en situation irrégulière. En effet, l'accord franco-sénégalais (avenant) déclare qu' « un ressortissant sénégalais en situation irrégulière en France peut bénéficier, en application de la législation française, d'une admission exceptionnelle au séjour se traduisant par la délivrance d'une carte de séjour temporaire portant : - soit la mention "salarié" s'il exerce l'un des métiers mentionnés dans la liste figurant en annexe IV de l'Accord et dispose d'une proposition de contrat de travail ; - soit la mention "vie privée

---

[81]Laurence DUBIN, *La légalité de la lutte contre l'immigration irrégulière par l'Union européenne*, Bruxelles, Bruylant, 2012, 390p.

[82]Laura THOMPSON, « La protection des droits des migrants et la souveraineté de l'État », Chronique ONU, accessible en ligne sur : https://www.un.org/fr/chronicle/article/la-protection-des-droits

[83]À ce sujet lire Danièle LOCHAK, Les étrangers face à leurs juges : progrès ou régression de l'État de droit ? in Michel WIEVIORKA, *Les entretiens d'Auxerre*, Auxerre, éditions Sciences Humaines, 2013, pp. 91-108 et Tonino SEREFINI, Des sans-papiers privés d'hébergement d'urgence, *Libération*, 2010,4p.

et familiale" s'il justifie de motifs humanitaires ou exceptionnels ». Contrairement aux Burkinabè, cette clause a permis la régularisation de nombreux ressortissants sénégalais en France.

C. Le droit accordé à la France d'expulser des ressortissants d'États tiers sur le territoire burkinabè

Sur le sort réservé aux migrants étrangers, l'accord franco-burkinabè prévoit la réadmission des ressortissants d'États tiers sur le territoire burkinabè. Il est formulé comme suit (art.11) : « Réadmission des ressortissants d'États tiers. Après accord préalable entre les parties, la partie requise réadmet sur son territoire le ressortissant d'un État tiers en situation irrégulière sur le territoire de la Partie requérante. La partie requérante doit : établir que le ressortissant de l'État tiers a eu sa résidence principale sur le territoire de la partie requise avant d'arriver sur son territoire ; avoir épuisé toutes les diligences pour tenter de réadmettre directement la personne concernée dans son pays d'origine ; prendre en charge les frais de voyage entre le territoire de la partie requise et la destination finale de la personne concernée ».

Excepté le Bénin, tous les autres pays signataires des accords de réadmission ont refusé l'insertion d'une telle clause. Un examen des avant-projets d'accord, notamment le projet portant « contre proposition »[84] de la partie burkinabè permet d'affirmer que ladite clause a été insérée sur proposition de la France suite au refus de l'État malien de signer l'accord. L'article viserait indirectement les nombreux sans-papiers maliens en France.

---

[84] Il s'agit d'un texte de 14 pages, intitulé « Contre proposition burkinabé au projet d'accord entre le gouvernement de la République française et le gouvernement du Burkina Faso relatif à la gestion concertée des flux migratoires et au Co-développement ».

Le recours à cette clause permet à la France d'expulser vers le Burkina Faso sous réserve de certaines conditions, des Afghans ou des Maliens dans l'attente de leur réacheminement dans leur pays d'origine. L'insertion de cette clause a suscité une indignation au sein de la diaspora burkinabè. Ce travailleur Burkinabè de la région parisienne s'inquiétait en ces termes au lendemain de la signature de l'accord : « avec cet accord qui engage le Burkina à recevoir sur son territoire les ressortissants de pays tiers, notre pays ne va-t-il pas devenir le Guantanamo de l'Afrique[85] ?... ». On peut en effet craindre de graves tensions entre pays ouest-africains en cas d'expulsion par la France de migrants originaires de pays non signataires dans des pays signataires.

Le comportement de l'État burkinabè à travers cet accord pose au fond la question de la solidarité entre les autres États africains, l'entraide et les valeurs de solidarité défendues dans le cadre des instances communautaires comme l'Unité Africaine, la Communauté Economique des L'États de l'Afrique de l'Ouest et l'Union Economique et Monétaire Ouest-africaine. En signant un tel accord, le pays des hommes intègres s'est désolidarisé des autres États voisins ouest-africains dont les liens sont pourtant séculaires. Cet accord doit aussi être classé dans la catégorie des accords de « paupérisation[86] » puisqu'il organise et encourage la migration (plutôt l'installation) de l'intelligentsia burkinabé (artistes, étudiants, chercheurs, scientifiques, etc.) en France, ceux qui constituent en réalité les forces vives essentielles au développement du Burkina Faso.

---

[85] Lefaso.net, « Accord France-Burkina sur l'immigration : Vifs débats au 159, Bld Haussmann à Paris », février 2009. Accessible sur : https://lefaso.net/spip.php?page=impression&id_article=30477

[86] Jacques BERTHELOT , « UE-Afrique : des accords de paupérisation », Plein droit, 2017/3 (n° 114), p. 19-22.

Autant de raisons qui nous permettent d'affirmer qu'en nourrissant l'illusion d'une aide financière plus conséquente, le Burkina Fao a signé un très mauvais accord, le pire texte que le pays des hommes intègres a conclu sur la matière migratoire depuis son existence.

II. L'opposition de la diaspora burkinabè en France

La signature de l'accord avait créé un sentiment de mépris des citoyens burkinabè vis-à-vis de leurs autorités : « dans les jours qui ont suivi, les réactions et les commentaires que l'accord a suscités dans la presse étaient globalement négatifs, voire hostiles. Sur les réseaux sociaux, il a fallu supprimer certains messages non seulement à cause de leur caractère violent, mais surtout parce qu'ils tombaient sous le coup de la loi. Manifestement, entre le gouvernement et une certaine opinion publique, notamment celle des Burkinabè de France, il y a un fossé dans la perception de l'accord conclu[87]. ».

Face à la pression, l'État burkinabè fut contraint de dépêcher une mission gouvernementale à Paris pour expliquer à ses ressortissants les raisons qui l'ont poussé à conclure un tel accord. L'accord conclu paisiblement à Ouagadougou entraîne de graves conséquences juridiques sur le sort des Burkinabè vivant à 6.145 km de la capitale burkinabé, en France.

La rencontre explicative de Paris tenue le 1er février 2009 dans la salle des fêtes de l'ambassade du Burkina Faso marque le début d'une rupture de confiance profonde entre la communauté burkinabè de France et L'État burkinabè. Elle mettait aussi en exergue la méthode incongrue de l'État burkinabè vis-à-vis de sa diaspora. Des questions importantes

---

[87] Lefaso.net, Op.cit, 2009.

mais sans réponses convaincantes ont été posées par les participants aux autorités burkinabè, parmi lesquelles : « nous qui sommes les premiers concernés par cet accord et qui allons le vivre, pourquoi nous avoir ignorés ?...ni le bureau du Conseil supérieur des Burkinabè de l'étranger, ni les associations n'ont été consultés. Pourquoi ?[88] ».

Pour cet interviewé, enseignant d'origine burkinabè, responsable associatif à Bordeaux, « L'État burkinabè s'engage à accepter de recevoir sur son territoire des personnes migrantes originaires d'autres pays africains expulsées par l'État français. La contrepartie, l'aide au développement est une supercherie, quand on connaît les rapports de domination et d'exploitation néocoloniale du Burkina Faso par la France et ce dans tous les domaines (économique, politique, culturel et militaire) ».

Les propos d'un des deux délégués-CSBE de la région parisienne illustre à plusieurs égards, le malaise crée dans la communauté après la signature de l'accord franco-burkinabè de 2009, « la signature de cet accord a été mal vécu par nos compatriotes. Et la majorité s'est sentie abandonnée par les autorités d'autant plus que le pays voisin comme le Mali a refusé de signer. Pour justifier cette signature, la représentation diplomatique avait expliqué que nous n'avons pas les mêmes enjeux ni les même intérêts que le Mali vu notre nombre en France qui était estimé à 3000 ou 4000 contrairement aux maliens qui étaient beaucoup plus nombreux. Même de nos jours, certains compatriotes militent toujours pour le retrait ou la relecture des accords. Rappelons aussi qu'à l'époque, les accords avaient été signés sans consultation inclusive de notre diaspora qui est la première concernée. ».

[88] Ibid.

Dans la région Nouvelle Aquitaine, l'opposition de la diaspora fut structurée et plus radicale. Plusieurs associations dont l'Association des Burkinabè en Aquitaine, l'Association des Etudiants Burkinabè de Bordeaux devenue l'Association des Etudiants et Sympathisants Burkinabè (ASSESYB) et le Mouvement Burkinabè des Droits de l'Homme et des Peuples (MBDHP) - comité Nouvelle Aquitaine, avaient désapprouvé à l'unanimité l'accord. Le rapport de la rencontre précise que : « les ressortissants burkinabè de France n'ont pas été consultés, que leurs intérêts ainsi que ceux de leur famille ne sont pas pris en compte ; en plus, l'accord met en application la politique française très discutable de l'immigration choisie... ».

Ainsi, la procédure adoptée par les autorités burkinabè est critiquée par le Collectif burkinabé des sans-papiers. Pour son président, « il y a toujours des burkinabè en situation irrégulière, environ 145 personnes dans la région parisienne. Concernant la signature de l'accord, vous savez, ils ne sont pas ici, ça ne les intéresse pas (...). Il y avait deux volets : immigration et développement, eux, ils n'étaient intéressés que sur le volet développement, alors que nous, nous sommes ici, comment on peut discuter avec les autorités française sur nos problèmes sans discuter avec nous ». Il faut dire que les questions liées aux conditions de vie inhumaines des sans-papiers burkinabè en France sont régulièrement soulevées (très souvent sans succès) par les associations lors des rencontres importantes à l'ambassade du Burkina Faso en France.

Le président du Collectif Burkinabè des sans-papiers précise les méthodes d'action de son association : « nous maintenons la pression puisqu'il y a toujours de nouveaux sans-papiers qui arrivent tous les jours, nous avons déjà rencontré Blaise Compaoré, Rock Marc Christian Kaboré (actuel président du Burkina Faso), lors de leurs visites en France pour parler de cette situation. Chaque fois qu'une haute personnalité burkinabé arrive, nous faisons tout pour avoir une audience, pour dire que nous avons encore des compatriotes en situation irrégulière et qu'il faut les aider (…) en fait, ce sont les autorités qui ont crée ce problème ». Ces pressions constantes en plus d'autres facteurs semblent expliquer un changement de comportement des autorités burkinabè.

Chapitre 4. La question de l'émancipation de l'État burkinabè vis-à-vis de la France sur la matière migratoire

Face à un sentiment généralisé de faible protection au sein de la diaspora burkinabè en France (I), le constat d'une absence de l'État burkinabè auprès des migrants les plus vulnérables (II) mais aussi les manquements ou les revirements de la partie française et la pression de la société civile, se pose la question de l'émancipation de l'État burkinabè (III).

I. L'affirmation d'un sentiment de faible protection juridique

L'écrasante majorité des Burkinabè vivant en France exprime un fort sentiment d'absence de protection juridique de la part de leur pays d'origine. De nos investigations, il ressort que 72% des Burkinabè de la diaspora ne sont pas informés de l'existence d'un accord bilatéral entre la France et le Burkina Faso sur la gestion concertée des flux migratoires ; 16% ont entendu parler de l'accord et seulement 12% connaissent les dispositions spécifiques de l'accord. On peut en déduire que les peuples burkinabè et français ignorent dans leur large majorité l'accord franco-burkinabé de 2009 qui encadre la circulation, le séjour et l'installation des ressortissants des États contractuels dans l'un ou l'autre État.

À la question que pensez-vous de la protection juridique des Burkinabè vivant en France par l'État burkinabè, 98% des personnes interviewées pensent qu'il n'existe « aucune protection juridique » supplémentaire du fait de l'État burkinabè. Ce délégué-CSBE, enseignant (docteur en sciences de gestion) et responsable d'une association burkinabè en région parisienne déclare : « ...l'impression fondée sur les préoccupations qui me sont exposées par les compatriotes de la région est qu'ils ne sont pas protégés. La protection se résume à ce que les lois de la France leur donnent comme moyens, et ce, sous réserve qu'ils les connaissent, les maîtrisent ou qu'ils aient les moyens de se procurer les conseils appropriés. Le Burkina Faso n'offre quasiment rien officiellement des moyens juridiques de protection ». On retrouve quasiment la même remarque dans les propos du président de la principale association burkinabé de la région Nouvelle Aquitaine, ce docteur en droit déclare : « je n'ai pas connaissance d'une protection juridique particulière accordée aux Burkinabè de France ».

Un sentiment aussi partagé en ces termes par cet autre délégué-CSBE, élu dans la région Champagne-Ardenne, enseignant à l'université de Strasbourg : « je n'ai aucune idée précise non plus mais à l'expérience, mon sentiment est que les Burkinabè ne sont pas protégés par les lois de leur pays de naissance. Si protection juridique il y a, elle est celle mise à la disposition de toute personne vivant sur le territoire français, autrement dit ce que lui offre la loi française. Même lorsqu'il existe quelque chose relevant des accords de coopération et susceptible de lui être bénéfique, encore faut-il que le Burkinabè en soit informé et que les acteurs français le soient également ».

À la méconnaissance des textes, s'ajoutent aussi les problèmes d'information et d'accompagnement juridique. L'ambassade du Burkina Faso en France ne compte aucun juriste, encore moins d'une cellule juridique susceptible de prodiguer des conseils juridiques aux ressortissants burkinabè. Les propos de cet enquêté (délégué-CSBE, responsable associatif) qui vit dans la région Bretagne depuis une vingtaine d'années sont aussi illustratifs : « si le service de protection juridique existe (peut être rattaché à une mission du Consulat général du Burkina Faso à Paris?), il reste inconnu de la grande majorité des Burkinabè de notre juridiction. ».

Il en résulte que les Burkinabè vivant en France ont une perception négative des efforts déjà minimalistes déployés par les autorités de leur pays d'origine pour assurer leur protection juridique. S'ajoute une méfiance voire une défiance de plus en plus grande des acteurs de la société civile vis-à-vis de l'État burkinabè. Une situation qui s'explique par plusieurs facteurs. En premier lieu, les migrants burkinabè de la première génération sont aujourd'hui bien intégrés dans la société française. Certains d'entre eux occupent des emplois hautement qualifiés (avocats, enseignants, chercheurs, ingénieurs, informaticiens…), sont naturalisés français, binationaux, et sont plus qu'imprégnés des droits nationaux et internationaux. Attachés à leur pays d'origine, ils dénoncent régulièrement la mauvaise gouvernance politique et diplomatique de la question migratoire par les autorités burkinabè. Leurs expertises et leurs conseils avisés sont nécessairement utiles pour les autorités en charge de la migration qui doivent en prendre conscience.

En second lieu, depuis les années 1990, les migrations burkinabè en France sont majoritairement estudiantines. Les rares données disponibles attestent l'ampleur de la fuite des cerveaux.

Tableau : admission légale des Burkinabè en France

	Années			
Catégorie de migrants Burkinabè	2009	2010	2011	Total
Admission au séjour pour les étudiants	249	349	1114	1712
Autorisation de séjour provisoire pour Master professionnel motifs professionnels	6	7	17	36
Autorisation de séjour pour motifs professionnels	66	80	75	221
Réadmission de personne en situation irrégulière	-	-	-	-
Mesures d'éloignement	83	108	130	321

Source : OIM, *Etude sur la diaspora burkinabé au Burkina Faso, en Côte d'Ivoire, en Italie et en France*, 2016, p.34.

L'examen du tableau ci-dessus fait ressortir une situation inquiétante. On peut retenir qu'en seulement trois ans (2009-2011), le nombre d'étudiants burkinabè entrés en France est passé de 249 à 1114 soit une augmentation de près de 347, 39%. Très souvent, ces jeunes étudiants ont obtenu leurs visas d'entrée en France sans l'intervention directe de l'État burkinabè. Ils sont de plus en plus non boursiers, leurs familles ont financé intégralement leurs études et leurs séjours en France. Certains sont inscrits dans des écoles privées (commerce, gestion…) dont les frais d'inscription pour une seule année académique s'élève à au moins 6000 euros, soit 3millions 935700f CFA.

Dans ces conditions, le projet de retour au pays des étudiants burkinabè est compromis au regard des opportunités d'emploi dans le pays d'accueil mais aussi du fait de l'absence de perspectives dans le pays d'origine. Autant de réalités qui interrogent l'efficience de la politique gouvernementale vis-à-vis des étudiants burkinabè vivant à l'extérieur.

Par ailleurs, au cours de leur processus d'intégration en France, il arrive que certains étudiants se retrouvent en situation irrégulière, régularisés après de nombreuses et longues procédures judiciaires sans l'intervention des autorités burkinabè. Par la suite, ils sont souvent recrutés par des entreprises françaises grâce à leurs compétences et leurs propres réseaux. Autant d'éléments qui font que cette un grand nombre d'étudiants se méfie et s'écarte des décisions gouvernementales puisque dès le départ, elle s'est sentie moins aidée, ignorée sur les plans juridique, politique et économique par l'État burkinabè ; des Burkinabè de plus en plus nombreux qui constatent et regrettent l'absence de leur État d'origine en cas de difficultés (administratives, économiques, sociales…) lors de leur entrée, séjour et installation en France.

II. L'absence de l'État burkinabè auprès des Burkinabè les plus vulnérables en France

« L'État burkinabè n'existe pas à l'étranger… », propos d'une Burkinabé habitante dans la région bordelaise depuis d'une dizaine d'années. Les mots sont forts mais reflètent une certaine réalité. Le fait que de nombreux burkinabé vivant en France aient été devant des juridictions françaises sans bénéficier d'un soutien même minimaliste des autorités burkinabè conforte l'affirmation de l'enquêtée. Parmi les nombreux cas, les trois affaires ci-après illustrent à plusieurs égards la précarité administrative de certains burkinabè en France, obligés de se défendre seuls, abandonnés à leur sort, devant les juridictions françaises :

Première affaire : *Toussida, Burkina Faso /Préfecture de la Gironde (décembre 2012-Tribunal administratif de Bordeaux)*

Dans cette affaire, le ressortissant Burkinabè, étudiant en droit à l'université Montesquieu Bordeaux IV dans la région Nouvelle Aquitaine a bénéficié le 23 septembre 2009, dans le cadre de l'accord franco-burkinabé signé le 10 janvier 2009, d'une carte de séjour « compétences et talents ».

L'accord stipule qu' « un titre de séjour peut être accordé aux ressortissants des deux Parties susceptibles de participer, du fait de leurs compétences et de leurs talents, au développement économique ou au rayonnement, notamment intellectuel, scientifique, culturel, humanitaire ou sportif du Burkina Faso ou de la France. Il est accordé pour une durée de trois ans, renouvelable.

En France, ce titre porte la mention « compétences et talents ». Logiquement, les titulaires d'une telle carte de séjour doivent de ce fait être particulièrement suivis par la partie burkinabè qui est plus concernée par la fuite des cerveaux. Or, les autorités burkinabè ignorent le nombre de plus en plus important de burkinabé bénéficiaires de ces titres de séjours privilégiés. En plus, ils ne bénéficient d'aucun soutien de leur part en cas de problèmes.

Dans l'affaire Toussida, le ressortissant burkinabé n'a bénéficié d'aucun appui de son pays d'origine, de la délivrance de la carte de séjour « compétences et talents au refus de renouvellement qui a entraîné la saisine du juge administratif français qui condamna la préfecture de Bordeaux. Du reste, on peut légitimement se demander si au moment des faits, les autorités burkinabè étaient informées de la présence de leur ressortissant sur le territoire français ?

Deuxième affaire : *Wakato, Burkina Faso/Préfète de la Gironde-Tribunal administratif de Bordeaux, juin 2020)*

Dans cette affaire, le ressortissant Burkinabè demande au tribunal français : 1°) d'annuler l'arrêté du 2 janvier 2020 par lequel la préfète de la Gironde a refusé de lui délivrer un titre de séjour, lui a fait obligation de quitter le territoire français et a fixé le pays de renvoi ; 2°) d'enjoindre à la préfète de la Gironde de lui délivrer un titre de séjour « vie privée et familiale ».

Le juge français a estimé que la préfète de la Gironde n'avait commis aucune erreur d'appréciation en estimant que la communauté de vie avait cessé et en refusant, pour ce motif, de délivrer à Monsieur Wakato le titre de séjour demandé. Il faut souligner qu'en France, le discours politique construit par les partis politiques d'extrême droite a pour conséquence une incrimination systématique des sentiments du migrant en situation irrégulière vis-à-vis du national. En effet, les concepts très flous de mariage « blanc » et « gris » sont régulièrement employés pour discréditer la communauté de vie de l'étranger en situation irrégulière, ce qui empêche très souvent une juste appréciation des procédures de régularisation de l'étranger en situation irrégulière. Dans cette affaire, l'accord franco-burkinabé de 2009 a été tout simplement ignoré.

Troisième affaire : *Moribana, ressortissant burkinabé/Préfète de la Gironde-Tribunal administratif de Bordeaux, juin 2020)*

Dans cette affaire qui porte sur les soins de santé en France d'un Burkinabè, le requérant demande au tribunal : 1°) d'annuler l'arrêté du 10 octobre 2019 par lequel la préfète de la Gironde a refusé de lui délivrer un titre de séjour, lui a fait obligation de quitter le territoire français et a fixé le pays de renvoi ; 2°) d'enjoindre à la préfète de la Gironde, dans un délai d'un mois à compter de la notification du jugement à intervenir et sous astreinte de 150 euros par jour de retard, de lui délivrer un titre de séjour ou à défaut de procéder à un nouvel examen de sa situation et de lui délivrer une autorisation provisoire de séjour ;

Le juge a considéré que la préfète de la Gironde a rendu une décision juste en se fondant prioritairement sur les avis du collège des médecins de l'Office français de l'immigration et de l'intégration. Dans leurs motivations, le collège des médecins estime que « si l'état de santé de Moribana nécessite une prise en charge médicale, le défaut de cette prise en charge ne devrait pas entraîner de conséquences d'une exceptionnelle gravité ». Pourtant, la continuité des soins ne peut être garantie dans le pays d'origine du requérant. Là encore, l'accord franco-burkinabè de 2009 montre ses limites en ne prévoyant qu'une stipulation pour les burkinabé (les plus riche) souhaitant venir se soigner en France. Dans cette affaire, la requête du ressortissant burkinabé a été rejetée, ce dernier appelé à quitter le territoire français.

À l'instar de ces trois affaires, on peut affirmer les ressortissants Burkinabè ne bénéficient d'aucune assistance des autorités burkinabè ; celles-ci ignorant en réalité très souvent leur présence sur le territoire français. Inéluctablement, la meilleure protection des Burkinabè vivant en France exige une bonne connaissance de leur nombre quelle que soit leur situation juridique en France, régulière ou irrégulière.

Sur le terrain, on observe que les Burkinabè en situation irrégulière sont aidés par des compatriotes, des associations burkinabè (appui financier ponctuel, nourriture, logement) mais aussi par des Français et des associations françaises (GISTI, CIMADE, ASTI, ALIFS…). Comme cet interviewé Burkinabè en situation irrégulière, le sentiment d'un double mépris est omniprésent : « je suis originaire de Bobo-Dioulasso, ça fait plus de 5 ans que je suis sans-papier à Bordeaux, la préfecture de Bordeaux m'a même délivré une OQTF (Obligation de Quitter le Territoire Français), je vis grâce au soutien de mes amis, grâce au Resto du cœur, je travaille aussi au black de temps en temps, j'ai eu une promesse d'embauche dans la restauration grâce à mon réseau, j'espère un jour me faire régulariser. Aujourd'hui, les entreprises françaises ont besoin de moi mais la France ne veut pas de moi, je pense que les autorités burkinabè ne savent même pas que je suis ici ».

L'irrégularité du séjour qui peut durer plusieurs années enlève au migrant sa dignité, son espérance, sa force mentale et physique puisqu'il ne peut travailler légalement pour satisfaire ses besoins fondamentaux. Régulièrement humilié, il doit aussi faire face à la violation du droit des étrangers. La condition globale du migrant africain ne peut cependant s'améliorer qu'à travers une émancipation totale de son État d'origine.

II. L'émancipation timorée de l'État burkinabè

Notre travail montre que lors des négociations bilatérales, les autorités burkinabè avaient privilégié le bénéfice d'une aide au développement au détriment de droits plus importants pour les migrants Burkinabè. Dans ce « troc indigne[89] », les autorités burkinabè pensaient recevoir de la France beaucoup d'argent, l'accord prévoit un financement de 4 milliards 59 millions FCFA. La somme est en réalité dérisoire pour espérer un quelconque développement. Un problème qui doit plutôt être traité de façon structurelle.

Sur cette question, nous partageons la thèse de Cathérine Withol de Wenden selon laquelle « il n'y a pas d'alternative aux migrations par le développement, ni à court ni à moyen terme[90]... ». Plus d'une décennie après la conclusion de l'accord sur la gestion concertée des flux migratoires et le développement solidaire, les autorités burkinabè semblent déçues du comportement de la partie française pour plusieurs raisons.

D'une part, l'État burkinabè attend toujours les financements promis par la France. Une réalité reconnue en ces termes par le principal négociateur burkinabé de l'accord : « aujourd'hui, il est difficile de faire la différence entre ce qui relève de l'accord et ce qui relève de l'aide au développement (classique). Je sais qu'il y a la coopération policière mais dans quel cadre ?, je ne sais pas du tout... ».

---

[89]Catherine TEULE, « Accord UE-Turquie : le troc indigne », Plein droit, 2017, n° 114, p. 23-26.

[90]Catherine WITHOL de WENDEN, « Conclusion », dans : Faut-il ouvrir les frontières ? sous la direction de Wihtol de Wenden Catherine. Paris, Presses de Sciences Po, « La Bibliothèque du citoyen », 2014, p. 87-89

En réalité, les autorités burkinabè découvrent avec une certaine naïveté le mensonge d'État dans la diplomatie migratoire franco-burkinabé. Elles semblent avoir compris que la clause relative au « Co-développement » n'était finalement qu'un alibi pour les dissuader de signer l'accord.

D'autre part, il avait été convenu parallèlement à l'accord signé, que les burkinabè présents sur le territoire français depuis novembre 2007 et justifiant d'une promesse d'embauche puissent bénéficier d'une régularisation administrative. À ce sujet, le responsable du Collectif burkinabé des sans-papiers déclare : « tous les dossiers déposés par les sans papiers Burkinabè ont été rejetés par les préfectures françaises (…), tous ceux qui ont pu être régularisés, c'est plutôt par leurs propres moyens ou souvent aidés par des avocats ou des associations françaises (dont le Comité inter-mouvements auprès des évacués (Cimade), les autorités françaises n'ont pas tenu parole… ». La déception des autorités burkinabè face aux contradictions de la partie française est de plus en plus grande, elle est en réalité relativement ancienne.

En effet, lors de son discours d'adieux à la diaspora burkinabè le 9 juillet 2011, l'ambassadeur du Burkina Faso en France, Luc Adolphe Tiao déplorait en ces termes le comportement de la France : « je suis conscient que beaucoup de Burkinabè doivent être déçus, à commencer par moi-même (…) je suis triste de n'avoir pas pu régler ce problème avant de partir, surtout que c'est le gouvernement français qui avait pris l'engagement de permettre à quelques centaines de Burkinabè en situation irrégulière d'avoir des papiers[91] ». Dans son article sur le sujet, le journal burkinabè en ligne lefaso.net avait pris le soin de souligner que l'ambassadeur « Luc Adolphe Tiao a

[91] Lefaso.net, Les adieux de Luc Adolphe Tiao aux Burkinabè de France, juillet 2011. Accessible sur : https://lefaso.net/spip.php?article42933

été d'une franchise peu habituelle chez les hommes politiques (burkinabè[92] » sur la question.

Enfin, une évidence s'impose aujourd'hui aux autorités burkinabé. Depuis la signature des accords de réadmission sous la mandature du président français Nicolas Sarkozy en 2009, ses prédécesseurs (François Hollande, et actuellement Emmanuel Macron) n'invoquent quasiment plus l'accord franco-burkinabé de 2009. L'ambassadeur du Burkina Faso en France admet que « les gouvernements successifs français semblent passer à autre chose… ».

Aussi illustratif, le comité de suivi de l'accord qui doit se réunir une fois par an (art.16 de l'accord franco-burkinabè) ne s'est réuni qu'une seule fois sur les dix dernières années. En d'autres termes, l'accord franco-burkinabé de 2009 est « mort », inappliqué voire inapplicable en raison de ses contradictions. En plus, des décisions unilatérales sont de plus en plus prises par le gouvernement français sans la moindre consultation des autorités burkinabè.

Parmi les nombreux exemples, figurait la décision d'augmenter les frais de scolarité des étudiants étrangers dans les universités françaises, prise unilatéralement en 2019 par les autorités françaises. Une décision d'augmentation retoquée heureusement par le Conseil constitutionnel[93] français.

Face à tous ces manquements, revirements et contradictions, les autorités burkinabè semblent aussi changer de comportement vis-à-vis de l'ancienne puissance coloniale. Désormais, elles collaborent très faiblement lors des procédures d'expulsion. Selon les responsables du consulat du Burkina Faso en France, le pays des hommes intègres n'a

[92] Ibid.
[93] Décision n° 2019-809 QPC du 11 octobre 2019

délivré depuis 2009 que deux laissez-passer (document indispensables en cas de réadmission) aux autorités françaises en dépit des fortes pressions.

Ils affirment également qu'aucun ressortissant d'État tiers n'a été expulsé vers le Burkina Faso depuis la conclusion de l'accord. Il faut admettre qu'il est quasiment impossible pour le chercheur de vérifier ces chiffres. En réalité, les associations burkinabè en France surveillent désormais avec méthode (conférences-débats, demandes d'explication lors des rencontres avec la diaspora, protestation devant l'ambassade, utilisation des réseaux sociaux, conseils juridiques, mise en réseau, etc.) les comportements et décisions des autorités burkinabè en matière de réadmission de migrants en situation irrégulière et par delà, la diplomatie des migrations franco-burkinabè.

Conclusion

Les accords bilatéraux franco-burkinabé sur la matière migratoire sont construits depuis les années 1960 selon la logique dominant-dominé. L'analyse approfondie de ces textes montre un comportement rationnel des deux acteurs publics qui contraste cependant avec les intérêts individuels des migrants. D'une part, la France met à profit les accords bilatéraux pour transposer son modèle, sa culture, ouvrir ou fermer ses frontières selon les besoins en main-d'œuvre de son marché de travail. Le dernier accord en vigueur lui permet sous certaines conditions d'utiliser le territoire burkinabè pour y réadmettre les migrants en situation irrégulière. D'autre part, le Burkina Faso a aussi utilisé et utilise les accords bilatéraux pour former ses étudiants dans les universités françaises sans cependant garantir le retour effectif de ces derniers. Ce pays espérait aussi une aide au développement plus conséquente.

Confronté au non respect de certains engagements contractuels par la partie française et aux pressions multiformes de sa diaspora, l'État burkinabè semble changer de comportement à travers une faible collaboration dans la réadmission des migrants en situation irrégulière. Cependant, l'attitude en réalité timorée de l'État burkinabè contraste avec l'offensive juridique de l'État sénégalais (exigence d'un avenant) et le refus de l'État malien de signer l'accord proposé par la France. Le boom démographique, l'absence de perspective d'emploi, la mauvaise gouvernance économique et sociale, la misère, l'instabilité politique, l'insécurité au

Burkina Faso et dans la sous région, poussent de jeunes Burkinabè à quitter à tout prix leur pays. De plus en plus nombreux et appuyés par des acteurs de la société civile (au niveau national et international), ceux-ci exigent une intervention efficace de leur État d'origine pour assurer leur protection. Une nouvelle ère de la diplomatie migratoire franco-africaines est à construire en raison d'une émancipation annoncée des États africains.

Bibliographie

ALEXANDROWICZ Charles-Henry, « Le rôle des traités dans les relations entre les puissances européennes et les souverains africains (Aspects historiques) », *Revue internationale de droit comparé,* 22, (4), 1970, pp. 703-709.

BAROU Jacques, « Les étudiants d'Afrique noire dans les pays de la Communauté », *Hommes et Migrations*, 1108, 1987, Les étudiants étrangers, pp. 62-69.

BERGUES Hélène, « L'immigration des travailleurs africains noirs en France et particulièrement dans la région parisienne », *Population*, 1, 1973, pp. 59-79.

BERTHELOT Jacques, « UE-Afrique : des accords de paupérisation », *Plein droit,* 114, 2017, pp. 19-22.

BIYOGO Grégoire, *Déconstruire les accords de coopération franco-africains. Par delà l'unilatéralisme et l'interventionnisme économique, politique et militaire*, 2012, L'Harmattan, 136p.

BRUMPT L.C et Gentilini, « Problèmes sanitaires posés par l'immigration des travailleurs originaires d'Afrique Noire », *Bulletin de l'Académie de Médecine*, 146, 1962, pp.639-642.

BRUNSCHEWIG Henri, *Le partage de l'Afrique noire*, Paris Flammarion, 1971, 186p.

CARLIER Jean-Yves, « Existe-t-il un droit à la migration ? La cigogne et la maison » In Les migrations internationales contemporaines : Une dynamique complexe au cœur de la globalisation, Montréal, Presses de l'Université de Montréal, 2009, pp. 389-407.

CARRERE Violaine, DUVAL Monique, « Des accords léonins », Plein droit, n° 83, 2009, p. 16-20.

CHIRON Paul, « Les politiques migratoires européennes, à la frontière du droit », I.R.I.S, 2017, 12p.

CROZIER Michel et Erhard FRIEDBERG, *L'acteur et système : les contraintes de l'action collective,* Paris, éditions du Seuil, 1981, 500p

DABIRE Hubert Bonayi, *Profil migratoire du Burkina Faso*, OIM-Union européenne, 2014, 67 p.

DEDIEU Jean-Philippe, « Normaliser l'assujettissement. La réglementation française de l'emploi du personnel de maison subsaharien au XXe siècle », *Genèses*, 2006, pp.129-150.

DE LACHARRIERE René, « L'évolution de la communauté franco-africaine », *Annuaire français de droit international*, 6, 1960, pp 9-40.

DEWITTE Philippe, « Intellectuels et étudiants africains à Paris à la veille des indépendances (1945-1960) »v in *Le Paris des étrangers depuis 1945*, Paris, éditions de la Sorbonne, 1995, pp.319-342.

DEWITTE Philippe, NOIRIEL Gérard, « État, nation et immigration. Vers une histoire du pouvoir », Hommes et Migrations, n°1233, 2001. Nouvelles mobilités. pp. 144-145.

DUBIN Laurence (2012), *La légalité de la lutte contre l'immigration irrégulière par l'Union européenne*, Bruxelles, Bruylant, 2012, 398p.

ERNST Ravenstein, « The laws of migration », Journal of the Royal Statistical, Society, 52 (2), 1889, pp. 241-305.

FALL Babacar, « Le travail force en Afrique occidentale française (1900-1946) », *Civilisations*, 41, 1993, pp.329-336.

GUILMOTO Z.C. et SANDRON F, Migration et développement, La documentation française, Paris, 2003, 142p.

HARRIS John R. and TODARAO MICHAEL P., Migration, unemployment and development : A two-sector analysis, *American Economic Review*, 1970, pp. 126-142.

IMBERT Louis, « La coopération sans le(s) droit(s) : le foisonnement des accords injusticiables avec les pays tiers », *Plein droit*, 114, 2017, pp. 45-48.

OUEDRAOGO Honoré, « Les coopérants dans l'enseignement secondaire voltaïque de 1960 au milieu des années 1980 : témoignages d'anciens élèves », In Outre-mer, Coopérants et coopération en Afrique : circulations d'acteurs et recompositions culturelles (des années 1950 à nos jours), 101, 2014, pp. 155-185

KENNEDY Carlienne Brenner, *Les travailleurs étrangers et les politiques d'immigration : le cas de la France*, Paris, OCDE, 1979, 117p.

LOADA Augustin, « L'émigration burkinabè face à la crise de l'ivoirité », *Outre-Terre*, 17, 2006, pp. 343-356.

LONDRES Albert, *Terre d'ébène, les éditions de Londres*, 2012, 218p.

LOCHAK Daniel, *Les droits de l'homme*, Paris, La Découverte, 2018, 128p.

LOCHAK Danièle, « Les étrangers face à leurs juges : progrès ou régression de l'État de droit ? In Michel Wieviorka, *Les entretiens d'Auxerre*, Auxerre, éditions Sciences Humaines, pp. 91-108

LAURENS Sylvain (2009), *Une politisation feutrée. Les hauts fonctionnaires et l'immigration en France (1962-1981)*, Paris, Belin, 2009, 347p.

MARTINACHE Igor, *La France des élites*, Alternatives Économiques, 12 (297), 2010, pp.66-69.

PONDI Jean-Emmanuel, « La coopération franco-africaine vue d'Afrique », *Revue internationale et stratégique*, 2002, pp. 127-136.

PIGUET Étienne, « Les théories des migrations. Synthèse de la prise de décision individuelle », *Revue Européenne des Migrations Internationales*, 29 (3), 2013, pp. 141-161.

SAYAD Abdelmalek, *L'immigration ou les paradoxes de l'altérité. L'illusion du* provisoire, Paris, édition raisons d'agir, 2006, 220p.

SINDJOUM Luc, État, individus et réseaux dans les migrations africaines, Paris, Karthala, 360p.

SLAMA Serge, *Le privilège du national, étude de la condition civique des étrangers en France*, Thèse pour le doctorat de Droit Public, Université de Nanterre, 2003.

SLAMA Serge, « Eloignement : la loi du nombre », *Plein droit,* 2008, pp.30-38

TEULE Catherine, « Accord UE-Turquie : le troc indigne », *Plein droit*, 114, (3), 2017, pp. 23-26.

TOUNKARA Gary Daouda, « La gestion des migrations de retour, un paramètre négligé de la grille d'analyse de la crise malienne », Politique africaine, 2013, pp. 47-68

ROUARD de CARD Edgard, *Les traités de protectorat conclus par la France en Afrique, 1870-1895*, Paris, A.Pédone, 1897, 237p.

SIDIBE Ousmane, « Les migrations facteur de progrès ? Le cas des migrations maliennes en France » In Isabelle Daugareilh et Francis Vennat, *Migrations internationales et marché du travail*, Lyon, Chronique Sociale, 2004, 123p.

TOPKA Lepe Jacques, *Côte d'Ivoire : l'immigration des voltaïques (1919-1960),* CERAP, 2006, 121p.

TITINGA Fréderic Paceré, *Burkina Faso : migration et droits des travailleurs (1897-2003)*, Paris, Karthala, 2004, 348p.

TURPIN Frédéric, *Jacques Focart. Dans l'ombre du pouvoir*, Paris, Broché, 2015, 488p.

TURPIN Michel Marc Frédéric, « De Gaulle, Pompidou et l'Afrique (1958-1974), Décoloniser et coopérer » In Hubert Bonin, un enjeu ultramarin, Outre-mer, 99, 2010, pp. 336-338.

VANENTIN Marie Claude, « À quoi sert l'emploi des étrangers ? » In Fassin Didier, *Les Lois de l'inhospitalité. Les politiques de l'immigration à l'épreuve des sans-papiers*, Paris, La Découverte, 1997,

WITHOL de WENDEN Catherine, *Faut-il ouvrir les frontières* ?, Paris, Presses de Sciences Po, 2014, 100p.

WITHOL de WENDEN Catherine, *Le droit d'émigrer*, Paris, CNSR, 2013, 58p.

ZONGO Mahamadou, « La diaspora burkinabè en Côte d'Ivoire. Trajectoire historique, recomposition des dynamiques migratoires et rapport avec le pays d'origine », *Politique africaine*, 2003, pp. 113-126

Repères chronologiques

- Traité de paix et de protectorat entre la France et Kouka Koutou, signé le 20 janvier 1897 ;

- Convention d'établissement entre la France et la Fédération Mali-Sénégal (qui comprenait la Haute-Volta) signé le 22 juin 1960;

- Traité de coopération conclu le 24 avril 1961 entre le Gouvernement de la République française et le Gouvernement de la République de la Haute-Volta ;

- Convention franco-voltaïque du 30 mai 1970 ;

- Convention entre le gouvernement de la République française et le gouvernement du Burkina Faso relative à la circulation et au séjour des personnes, signée à Ouagadougou le 14 septembre 1992

- Accord entre le Gouvernement de la République française et le Gouvernement du Burkina Faso relatif à la gestion concertée des flux migratoires et au développement solidaire, signé le 10 janvier 2009.

ANNEXE

Accord entre le Gouvernement de la République française et le Gouvernement du Burkina Faso relatif à la gestion concertée des flux migratoires et au développement solidaire

Préambule

Le Gouvernement de la République française, et le Gouvernement du Burkina Faso, ci-après désignés les Parties,

- considérant les liens historiques, d'amitié et de coopération qui unissent les deux pays ;
- convaincus que les flux migratoires contribuent au rapprochement entre les peuples et que leur gestion concertée constitue un facteur de développement économique, social et culturel pour les pays concernés ;
- désireux de fixer, dans l'intérêt commun, les règles de la gestion concertée des flux migratoires entre les deux États sur le fondement de la réciprocité, de l'égalité et du respect mutuel ;
- considérant que les mouvements migratoires doivent se concevoir dans une perspective favorable au développement et qu'ils ne doivent pas se traduire par une perte définitive pour le pays d'origine de ses ressources en compétences et en dynamisme ;
- considérant que la migration doit favoriser l'enrichissement mutuel des Parties à travers les transferts de fonds des migrants mais également la contribution significative que ceux-ci apportent au développement économique, social et culturel du pays d'accueil ;
- résolus à tout mettre en œuvre pour encourager une migration fondée sur la mobilité et l'incitation à un retour volontaire des compétences dans le pays d'origine ;
- conscients de leur responsabilité partagée en matière de lutte contre la migration irrégulière ;
- considérant les dispositions de la convention entre le Gouvernement de la République française et le Gouvernement du Burkina Faso

relative à la circulation et au séjour des personnes signée à Ouagadougou le 14 septembre 1992 ;

- considérant l'article 13 de l'Accord de partenariat entre les membres du groupe des États d'Afrique, des Caraïbes et du Pacifique, d'une part, et la Communauté européenne et ses États membres, d'autre part, signé à Cotonou le 23 juin 2000 ;
- déterminés à adopter ensemble les mesures appropriées pour lutter contre la migration irrégulière dans le respect des droits et de la dignité de la personne humaine ainsi que contre les activités criminelles connexes ;
- animés de la volonté d'inscrire leur action dans l'esprit des conférences euro-africaines sur la migration et le développement organisées à Rabat les 10 et 11 juillet 2006 et à Paris les 24 et 25 novembre 2008, de la conférence Union européenne - Afrique sur la migration et le Développement tenue à Tripoli les 22 et 23 novembre 2006, du partenariat stratégique euro- africain défini au Sommet tenu à Lisbonne les 8 et 9 décembre 2007, de la position africaine commune sur la migration et le développement adoptée par l'Union Africaine en avril 2006 et de l'approche commune de la Communauté économique des États de l'Afrique de l'Ouest sur la migration et le développement du 18 janvier 2008 ;
- reconnaissant la nécessité de respecter la dignité et les droits fondamentaux des migrants ;
- dans le respect des droits et garanties prévus par leurs législations respectives et par les traités et conventions internationales,

Conviennent de ce qui suit :

CHAPITRE Ier Circulation des personnes

Article 1er Octroi de visa

Afin de favoriser la circulation des personnes entre les deux pays, le Burkina Faso et la France s'engagent, dans le respect des conventions internationales en vigueur, et sous réserve des impératifs de la lutte contre la fraude documentaire, le trafic des stupéfiants, la criminalité transfrontalière, la migration irrégulière et le travail illégal et des autres impératifs d'ordre et de sécurité publics, à faciliter la délivrance, aux ressortissants de l'autre Partie appartenant à l'une des catégories ci-dessous, d'un visa de court séjour à entrées multiples, dit visa de circulation, permettant des séjours ne pouvant excéder trois mois par semestre et valable de un à cinq ans, en tenant compte de la durée des activités prévues sur le territoire des États contractants et de celle de la validité du passeport : a) Hommes d'affaires, commerçants, avocats, intellectuels, universitaires, scientifiques, artistes ou sportifs de haut niveau qui participent activement aux relations économiques, commerciales, professionnelles, universitaires, scientifiques, culturelles et sportives entre les deux pays. b) Personnes ppelées à recevoir régulièrement des soins médicaux en France sous réserve de la présentation des garanties financières nécessaires.

Article 2 Admission au séjour

2.1. Étudiants

a) La France et le Burkina Faso s'engagent à :

- poursuivre la promotion d'accords inter-universitaires entre les établissements d'enseignement supérieur des deux pays ;

- promouvoir l'octroi de bourses pour les étudiants burkinabé ;

- faciliter l'inscription des étudiants dans les établissements d'enseignement supérieur et de formation professionnelle des deux pays ainsi que leur séjour pendant la durée de leur formation

b) Une autorisation provisoire de séjour d'une durée de validité de six mois est délivrée au ressortissant burkinabé qui, ayant obtenu un diplôme au moins équivalent au master ou à la licence professionnelle dans un établissement d'enseignement supérieur français habilité au plan national ou dans un établissement d'enseignement supérieur situé au Burkina Faso ou dans un pays tiers habilité par ce pays et lié à un établissement d'enseignement supérieur français par une convention de délivrance de diplôme en partenariat international, souhaite compléter sa formation par une première expérience professionnelle en France dans la perspective de son retour au Burkina Faso. Pendant la durée de cette autorisation, son titulaire est autorisé à chercher et, le cas échéant, à exercer un emploi en relation avec sa formation et assorti d'une rémunération au moins égale à une fois et demie la rémunération mensuelle minimale en vigueur en France. À l'issue de la période de six mois mentionnée au premier alinéa, si l'intéressé occupe un emploi ou est titulaire d'une promesse d'embauche satisfaisant aux conditions énoncées ci- dessus, il est autorisé à séjourner en France pour l'exercice de son activité professionnelle, sans que soit prise en considération la situation de l'emploi en France. Dans le cas contraire, une autorisation provisoire de séjour de même nature que celle mentionnée au premier alinéa, d'une durée de validité de six mois non renouvelable, lui est délivrée de plein droit. Si, pendant cette seconde période, l'intéressé obtient un emploi satisfaisant aux conditions énoncées au deuxième alinéa, il est procédé comme prévu au troisième alinéa.

2.2. Immigration pour motifs professionnels

a)Un titre de séjour peut être accordé aux ressortissants des deux Parties susceptibles de participer, du fait de leurs compétences et de leurs talents, au développement économique ou au rayonnement, notamment intellectuel, scientifique, culturel, humanitaire ou sportif du Burkina Faso ou de la France. Il est accordé pour une durée de trois ans, renouvelable. En France, ce titre porte la mention « compétences et talents ». Afin d'éviter l'exode des élites concernées, le nombre de titres de séjour mentionnés au premier alinéa susceptibles d'être délivrés aux ressortissants de l'autre Partie est limité à 150 par an. Ce nombre peut être révisé chaque année d'accord Partie au sein du Comité de suivi.

b)Sans préjudice des dispositions de la législation française visant à l'exercice de certaines professions, un titre de séjour portant la mention « salarié » est délivré aux ressortissants burkinabé appartenant à l'une des deux catégories définies à l'alinéa ci-après, titulaires d'un contrat de travail visé par l'autorité française compétente sans que soit prise en compte la situation de l'emploi en France, pour l'exercice d'une activité salariée dans l'un des métiers mentionnés sur la liste figurant à l'annexe I. Cette liste peut être modifiée tous les ans par simple échange de lettres entre les Parties.

Le ressortissant burkinabé mentionné à l'alinéa précédent est :

- soit un ressortissant burkinabé résidant au Burkina Faso à la date à laquelle est visé le contrat de travail mentionné ci-dessus et titulaire d'un visa pour un séjour d'une durée supérieure à trois mois ;
- soit un ressortissant burkinabé justifiant d'une résidence habituelle en France à la date du 20 novembre 2007.

c)Pour permettre aux ressortissants burkinabé d'acquérir des compétences professionnelles nouvelles et pour favoriser leur accueil et leur insertion, le nombre de titres de séjour mentionnés au b) susceptibles d'être délivrés chaque année à ces ressortissants est limité à 500. Ce nombre peut être révisé chaque année d'accord Partie au sein du Comité de suivi.

d)Les ressortissants des deux Parties qui ne pourraient bénéficier des dispositions prévues au a) pour la seule raison d'un dépassement de la limite chiffrée indiquée au a) peuvent toutefois bénéficier des dispositions de la législation de l'autre Partie relatives à l'immigration professionnelle. Il en est de même pour les ressortissants burkinabé qui ne pourraient bénéficier des dispositions prévues au b) pour la seule raison du dépassement de la limite chiffrée indiquée au c).

e)Sans préjudice des dispositions de la législation burkinabé visant à l'exercice de certaines professions, un titre de séjour est délivré aux ressortissants français titulaires d'un contrat de travail visé par l'autorité burkinabé compétente, sans que soit prise en compte la situation de l'emploi au Burkina Faso, pour l'exercice d'une activité salariée.

f)Dans le cadre particulier du renforcement de la participation française au développement du Burkina Faso, la France et le Burkina Faso accordent une attention particulière aux métiers contenus dans la liste figurant en annexe II, correspondant aux besoins en compétences supplémentaires et prioritaires du Burkina Faso. Les modifications de cette liste seront portées par le Burkina Faso à la connaissance de la France dans le cadre du Comité de suivi mentionné au Chapitre VI.

CHAPITRE II Développement solidaire

Article 3 Mobilisation des ressources et des compétences des migrants

La France et le Burkina Faso s'engagent à mettre en œuvre des projets de développement solidaire, en examinant les meilleurs moyens de mobiliser les compétences et les ressources et en appuyant des projets dans des zones de forte émigration, en vue d'actions en faveur du développement du Burkina Faso.

Ces actions portent sur :

- la sensibilisation et l'information des populations sur les méfaits de la migration clandestine ainsi que la mise en place de projets de développement dans les zones d'émigration ;

- la promotion de l'investissement productif en vue de favoriser la création d'entreprises génératrices d'emplois au Burkina Faso ;
- le cofinancement de projets de développement local portés par les migrants ;
- la mobilisation des compétences des élites de la diaspora ;
- l'appui aux initiatives de la jeunesse burkinabé dans le cadre de programmes d'échanges et de solidarité ;
- le développement de services sociaux de base dans des régions de forte émigration. Elles seront mises en œuvre :
- en facilitant la mobilité et la circulation des migrants burkinabé entre les deux pays ;
- en soutenant leurs initiatives tendant à susciter ou à accompagner la création d'activités productives au Burkina Faso, plus particulièrement dans les domaines agricole, industriel, commercial, culturel et artisanal.

Ces actions font l'objet d'un suivi et d'une évaluation dans le cadre du comité mentionné au chapitre VI.

Article 4 Transferts d'économies sur salaires des émigrés burkinabé résidant en France

La France s'engage à développer un outil de comparaison sur internet des prix des transferts de fonds afin d'encourager la transparence des coûts et une meilleure connaissance des modalités de transfert. La France et le Burkina Faso conviennent également de promouvoir les instruments financiers créés en France dans le but de faciliter les transferts de fonds des migrants et leur investissement dans des activités participant au développement économique du Burkina Faso. Les ressortissants burkinabé établis en France bénéficient des dispositifs français du compte épargne co-développement et du livret d'épargne pour le co-développement lequel donne lieu à une prime d'épargne. Les investissements ouvrant droit à cette prime d'épargne sont ceux qui concourent au développement économique du Burkina Faso, et appartiennent à l'une des catégories suivantes :

a)La création, la reprise ou la prise de participation dans les entreprises locales ;

b)L'abondement de fonds destinés à des activités de micro finance ;

c)L'acquisition d'immobilier d'entreprise, d'immobilier commercial ou de logements locatifs ;

d)Le rachat de fonds de commerce.

Article 5 Aide à la migration de retour de la diaspora burkinabé résidant en France

Le Burkina Faso et la France s'engagent à mettre en œuvre des stratégies concertées destinées à permettre la réinsertion au Burkina Faso des professionnels burkinabé travaillant en France et volontaires pour un tel retour. Les deux pays conjuguent leurs efforts afin de permettre à ces professionnels de bénéficier au Burkina Faso de conditions d'exercice de leur métier, aussi favorables que possible. Parallèlement, la France et le Burkina Faso encouragent la réinsertion des étudiants dans leur pays d'origine à la suite d'une expérience d'expatriation. Les deux pays s'engagent, à cet égard, à promouvoir des conditions optimales de réinsertion de leurs ressortissants respectifs.

Article 6 Coopération décentralisée

La France, dans le respect du principe de libre administration des collectivités territoriales, et le Burkina Faso s'engagent à favoriser les projets de coopération décentralisée comportant un volet développement solidaire et à privilégier les moyens de réalisation des plans locaux de développement burkinabé notamment dans les secteurs de la formation professionnelle, de l'éducation, de la santé, de l'état civil, de la création des petites entreprises et du développement des activités productives agricoles. Le document figurant à l'annexe III présente l'esprit et le contenu général des plans de développement locaux au Burkina Faso.

Article 7 Dispositions diverses

Pour la mise en œuvre des dispositions du chapitre II, la France s'engage notamment à financer sur les crédits du ministère chargé du développement solidaire les projets qui figurent en annexe IV du présent Accord.

CHAPITRE III Coopération policière

Article 8 Expertise policière

La France s'engage à apporter au Burkina Faso une expertise policière en matière de lutte contre la migration irrégulière :

a)De façon générale dans les domaines suivants ;

- amélioration à apporter au cadre légal de la répression de la migration irrégulière ;

évaluation du niveau de sécurité des aéroports internationaux du Burkina Faso et des autres points d'entrée sur le territoire burkinabé ;

- définition d'un schéma d'organisation des services de lutte contre la migration irrégulière ;
- évaluation des besoins de formation dans l'optique de l'élaboration d'un processus de traitement judiciaire spécifique des infractions en matière de migration irrégulière ;

b)De façon plus spécifique, pour la formation des personnels chargés du démantèlement des filières de migration clandestine :

- acquisition, centralisation et analyse du renseignement afin d'identifier les structures criminelles ;

- surveillance physique et technique des filières et recueil de preuves ;

- réalisation d'opérations, coordonnées le cas échéant avec d'autres pays, contre les structures criminelles.

c)La France confirme sa disponibilité à apporter son expertise dans le domaine de la sécurité des titres selon les modalités suivantes :

- expertise du niveau de sécurisation des titres d'identité et de voyage des ressortissants burkinabé et aide à la conception de nouveaux documents ;

- analyse des sécurités susceptibles d'être intégrées dans les actes d'état civil burkinabé.

Le champ de cette expertise pourra être élargi à d'autres documents par une décision du comité de suivi.

d)En matière de lutte contre la fraude documentaire, la France confirme en outre sa disponibilité à apporter son expertise dans les actions suivantes :

- définition des besoins du Burkina Faso ;

- formation de spécialistes ;

- élaboration d'un programme pédagogique destiné à former des relais locaux ;

- appui et conseil dans l'acquisition des équipements de détection ;

- change d'informations en matière de falsifications et de contrefaçons ;

- aide à l'identification des documents douteux.

Article 9 Financement

La France (le ministère de l'immigration, de l'intégration, de l'identité nationale et du développement solidaire) s'engage à financer le projet qui figure en annexe V du présent Accord sur le programme 303.

CHAPITRE IV Réadmission des personnes en situation irrégulière

Article 10 Réadmission des nationaux

Se trouve en situation irrégulière toute personne, dont il est établi ou présumé par la Partie requérante, sur la base des documents énumérés dans l'annexe VI, qu'elle possède la nationalité de la Partie requise, et qu'elle ne remplit pas, ou ne remplit plus, les conditions d'entrée ou de séjour applicables sur le territoire de la Partie requérante. Conformément au principe d'une responsabilité partagée en matière de lutte contre la migration irrégulière, la France et le Burkina Faso réadmettent, dans le respect de la dignité et des droits fondamentaux des personnes, leurs ressortissants en situation irrégulière sur le territoire de l'autre Partie. Dans le respect des procédures et des délais légaux et réglementaires en vigueur en France et au Burkina Faso, chaque Partie délivre, à la demande de l'État requérant, les laissez-passer consulaires nécessaires à la réadmission de ses ressortissants en situation irrégulière.

Article 11 Réadmission des ressortissants d'États tiers

Après accord préalable entre les Parties, la Partie requise réadmet sur son territoire le ressortissant d'un État tiers en situation irrégulière sur le territoire de la Partie requérante.

La Partie requérante doit :

- établir que le ressortissant de l'État tiers a eu sa résidence principale sur le territoire de la Partie requise avant d'arriver sur son territoire ;

- avoir épuisé toutes les diligences pour tenter de réadmettre directement la personne concernée dans son pays d'origine ;
- prendre en charge les frais de voyage entre le territoire de la Partie requise et la destination finale de la personne concernée.

Article 12 Transit pour éloignement

Les deux Parties s'entendent pour autoriser le transit, sous escorte de la Partie requérante, sur leur territoire des ressortissants d'États tiers qui font l'objet d'une mesure d'éloignement prise par l'une des Parties, à condition que l'admission dans le pays de destination finale soit acceptée.

Article 13 Dispositions diverses

La France et le Burkina Faso s'informent mutuellement des résultats des recherches effectuées pour déterminer la nationalité de la personne en situation irrégulière afin de procéder à sa réadmission dans les meilleurs délais. La Partie requise est informée, dans les meilleurs délais, par la Partie requérante et par écrit de la date et des modalités prévues pour le retour de la personne en situation irrégulière munie d'un laissez-passer consulaire. Si le retour n'est pas mis en œuvre, la Partie demandant le retour dans le pays d'origine en informe la Partie requise. La France et le Burkina Faso s'informent réciproquement, par la voie diplomatique, des points de contacts et des modalités pratiques permettant l'application des dispositions relatives à la réadmission des personnes en situation irrégulière prévues par le présent Accord. Les frais relatifs au transport jusqu'à la frontière de la Partie requise, ainsi que les frais relatifs au transit des ressortissants d'États tiers incombent à la Partie requérante.

Si postérieurement à un retour, il apparaît que la personne concernée ne possède pas la nationalité du pays de destination, il est procédé à son retour sur le territoire de la Partie requérante, qui en supporte les frais.

Article 14 Aide au retour

La France s'engage à proposer aux ressortissants burkinabé en situation irrégulière qui font l'objet d'une obligation de quitter le territoire français son dispositif général d'aide au retour.

CHAPITRE V Observatoire des flux migratoires dans la sous-région

Article 15 Observatoire des flux migratoires dans la sous-région

La France s'engage à apporter au Burkina Faso son appui, notamment son expertise technique, pour la mise en place d'un dispositif interministériel d'évaluation des flux migratoires au départ et à destination du Burkina Faso dans la sous-région. Cet appui peut également être mobilisé pour la mise en œuvre des plans de gestion de la migration en lien avec les institutions sous-régionales et régionales africaines. Le comité de suivi se prononce sur les demandes formulées dans ce cadre par la Partie burkinabé.

CHAPITRE VI Comité de suivi

Article 16 Comité de suivi

La France et le Burkina Faso décident de créer un comité de suivi de l'application du présent Accord composé de représentants des deux Parties. Ce comité se réunit au moins une fois par an en alternance sur le territoire de l'une ou l'autre Partie. Il se réunit en outre en tant que de besoin à la demande de l'une ou l'autre Partie. Il est destiné :

- à l'observation des flux migratoires entre la France et le Burkina Faso et des programmes de développement solidaire ;
- à l'évaluation des résultats des actions mentionnées dans le présent Accord et à un ajustement éventuel au vu des résultats de ces actions ;
- à la formulation de toutes propositions utiles pour en améliorer les effets ;
- à fixer le nombre de titres de séjour à accorder chaque année aux ressortissants de l'une ou l'autre des Parties en application des articles 2.2.a) et 2.2.c) du présent Accord.

CHAPITRE VII Dispositions finales

Article 17 Portée de l'accord

Les dispositions du présent Accord prévalent sur toutes dispositions contraires de la Convention entre le Gouvernement de la République française et le Gouvernement du Burkina Faso relative à la circulation et au séjour des personnes, signée à Ouagadougou le 14 septembre 1992.

Article 1 Entrée en vigueur et dénonciation

Le présent Accord entre en vigueur le premier jour du deuxième mois qui suit la date de la dernière notification de l'accomplissement par chacune des Parties des procédures constitutionnelles requises. Il est conclu pour une durée indéterminée. Il peut être modifié d'un commun accord entre les deux Parties.

Il peut être dénoncé par l'une ou l'autre des Parties avec un préavis de trois mois par la voie diplomatique. La dénonciation ne remet pas en cause les droits et obligations des Parties résultant de la mise en œuvre du présent Accord sauf si les Parties en décident autrement d'un commun accord. Les difficultés d'interprétation et d'application du présent Accord sont réglées au sein du comité de suivi mentionné au chapitre VI ou, à défaut, par la voie diplomatique. En foi de quoi les représentants des Parties, dûment autorisés à cet effet, ont signé le présent Accord, établi en deux exemplaires originaux en langue française.

Fait à Ouagadougou, le 10 janvier 2009.

Pour le Gouvernement de la République française :	Pour le Gouvernement du Burkina Faso :
BRICE HORTEFEUX	MINATA SAMATÉ
Ministre de l'immigration, de l'intégration, de l'identité nationale et du développement solidaire	*Ministre délégué auprès du Ministre d'État, Ministre des affaires étrangères et de la coopération régionale, chargé de la coopération régionale*

Table des matières

Structures éditoriales du groupe L'Harmattan

L'Harmattan Italie
Via degli Artisti, 15
10124 Torino
harmattan.italia@gmail.com

L'Harmattan Hongrie
Kossuth l. u. 14-16.
1053 Budapest
harmattan@harmattan.hu

L'Harmattan Sénégal
10 VDN en face Mermoz
BP 45034 Dakar-Fann
senharmattan@gmail.com

L'Harmattan Cameroun
TSINGA/FECAFOOT
BP 11486 Yaoundé
inkoukam@gmail.com

L'Harmattan Burkina Faso
Achille Somé – tengnule@hotmail.fr

L'Harmattan Guinée
Almamya, rue KA 028 OKB Agency
BP 3470 Conakry
harmattanguinee@yahoo.fr

L'Harmattan RDC
185, avenue Nyangwe
Commune de Lingwala – Kinshasa
matangilamusadila@yahoo.fr

L'Harmattan Congo
67, boulevard Denis-Sassou-N'Guesso
BP 2874 Brazzaville
harmattan.congo@yahoo.fr

L'Harmattan Mali
ACI 2000 - Immeuble Mgr Jean Marie Cisse
Bureau 10
BP 145 Bamako-Mali
mali@harmattan.fr

L'Harmattan Togo
Djidjole – Lomé
Maison Amela
face EPP BATOME
ddamela@aol.com

L'Harmattan Côte d'Ivoire
Résidence Karl – Cité des Arts
Abidjan-Cocody
03 BP 1588 Abidjan
espace_harmattan.ci@hotmail.fr

Nos librairies en France

Librairie internationale
16, rue des Écoles
75005 Paris
librairie.internationale@harmattan.fr
01 40 46 79 11
www.librairieharmattan.com

Librairie des savoirs
21, rue des Écoles
75005 Paris
librairie.sh@harmattan.fr
01 46 34 13 71
www.librairieharmattansh.com

Librairie Le Lucernaire
53, rue Notre-Dame-des-Champs
75006 Paris
librairie@lucernaire.fr
01 42 22 67 13